有趣的长城

图解长城的前世今生

尼尔·编著

何宁·绘制

电子工业出版社
Publishing House of Electronics Industry
北京·BEIJING

读 者 服 务

读者在阅读本书的过程中如果遇到问题，可以关注"有艺"公众号，通过公众号中的"读者反馈"功能与我们取得联系。此外，通过关注"有艺"公众号，您还可以获取艺术教程、艺术素材、新书资讯、书单推荐、优惠活动等相关信息。

投稿、团购合作：请发邮件至 art@phei.com.cn。

扫一扫关注"有艺"

图书在版编目（CIP）数据

有趣的长城：图解长城的前世今生 / 尼尔编著；何宁绘制. -- 北京：电子工业出版社，2023.8
ISBN 978-7-121-42333-8

Ⅰ.①有⋯ Ⅱ.①尼⋯ ②何⋯ Ⅲ.①长城—青少年读物 Ⅳ.①K928.77-49

中国版本图书馆CIP数据核字(2021)第229021号

责任编辑：田　蕾
印　　刷：天津善印科技有限公司
装　　订：天津善印科技有限公司
出版发行：电子工业出版社
　　　　　北京市海淀区万寿路173信箱　　邮编：100036
开　　本：889×1194　1/16　印张：5.75　字数：147.2千字
版　　次：2023 年 8 月第 1 版
印　　次：2023 年 11 月第 3 次印刷
定　　价：69.00 元

凡所购买电子工业出版社图书有缺损问题，请向购买书店调换。若书店售缺，请与本社发行部联系，联系及邮购电话：（010）88254888，88258888。

质量投诉请发邮件至 zlts@phei.com.cn，盗版侵权举报请发邮件至 dbqq@phei.com.cn。

本书咨询联系方式：（010）88254161～88254167转1897。

前言
Preface

长城是中国的瑰宝，也是世界建筑史上不可复制的奇迹，无数的故事在这里发生。"上下两千多年，纵横十万余里"——从楚方城到万里长城，它不仅抵御了外敌入侵，更凝聚着我们祖先的血汗和智慧，是中华民族攀登姿态的缩影，创造了民族历史上的辉煌印记。长城属于综合型建筑体系，我们通过了解长城，不仅能对这一建筑体系本身有所了解，同时也能对中国各个时期的历史进行一次梳理。

2009 年 4 月，在各方努力下，我国首次公布明长城资源调查数据。2012 年 6 月，我国首次公布历代长城总数据……这一系列的调查研究，为我们探索神秘的长城提供了有力的数据支撑。

本书在查阅大量资料后汇编而成，从建造背景、历史进程、现代风貌、组成结构、重要节点、故事传说、文学作品、战争史实等多个方面进行剖析，为读者展现出一个综合而立体的长城。

温古知今，身处现代社会的我们虽然不再需要长城来抵抗敌人侵略，但它所包含的种种深意仍然值得我们去探究。

目 录
Contents

第一章

世界奇迹：万里长城今犹在

1.1 长城到底有多长？ ……………………8

长城整体轮廓 ……………………8

长城建筑分布 ……………………10

现存长城长度 ……………………12

1.2 长城的结构 ……………………13

长城不只是一面墙 ……………………13

城墙 ……………………14

关隘 ……………………16

烽燧 ……………………17

1.3 长城十二关 ……………………18

关口的作用 ……………………18

山海关 ……………………19

黄崖关 ……………………20

居庸关 ……………………21

倒马关 ……………………22

平型关 ……………………23

偏关 ……………………24

雁门关 ……………………25

杀虎口关 ……………………26

阳关 ……………………27

玉门关 ……………………28

嘉峪关 ……………………29

娘子关 ……………………30

第二章

长城历史：铸就中华好脊梁

2.1 长城历史 32

2.2 "先秦长城" 34
　　北长城 35
　　南长城 35

2.3 秦长城 36
　　"炒熟"黄泥 37

2.4 汉长城 38

2.5 隋长城 40

2.6 唐长城 42

2.7 宋长城 44

2.8 明长城 46
　　明朝历史大事件"长城大升级" 46
　　明长城空心敌台 48
　　敌台内部 49
　　城墙改良＋作战系统 50
　　佛郎机炮 52
　　关隘与边墙 54
　　九边重镇 56
　　城堡与长城关系 58
　　护城河 60
　　城墙马道、步道示意 62
　　城门和箭楼示意 64
　　瓮城 66
　　明长城分布图 68

第三章

揭秘长城：长城知识大百科

3.1 长城的冷知识 71
　　那么多段长城，为什么八达岭长城
　　最有名？ 71
　　为什么不到长城非好汉？ 73
　　鹤顶红也能建长城？细数长城之最！ ... 74
　　神奇的文字砖 76
　　在太空中用肉眼能看见长城吗？ 77
　　长城为什么能屹立千年不倒？ 78

3.2 长城的传说 79
　　击石燕鸣 79
　　孟姜女哭长城 80
　　黑姑楼传奇 82
　　巨石的不解谜团 83
　　山羊驮砖 84
　　关城定址异闻 85

3.3 长城诗词故事 86
　　《出塞》 86
　　咏歌圣德 远怀天宝 因题关亭长句
　　四韵》 87
　　《塞下曲》 88
　　《从军行·其二》 92

第一章 ★ 世界奇迹：万里长城今犹在

长城，又名万里长城，是我国古代劳动人民创造的伟大奇迹。

它是世界文化遗产；是中国第一批全国重点文物保护单位之一；是世界中古七大奇迹之一；是世界上修建时间最长、工程量最大的一项古代防御工程；是一道高大、坚固而且连绵不断的长垣，用以限隔敌骑的行动。长城并不只是一道单纯孤立的城墙，而是以城墙为主体，同大量的城、障、亭、标相结合的防御体系。长城在冷兵器战争时代发挥了举足轻重的作用，凝结着我们祖先的血汗与智慧，是中华民族的象征和骄傲。

今天，这座万里长城作为中国悠久历史的见证，仍然矗立在我国广袤的地域上。我们从打开"长城"到看到长城，再到了解长城，才能更加深刻感受到中华千年文明的发展历程。

长城整体轮廓 ★

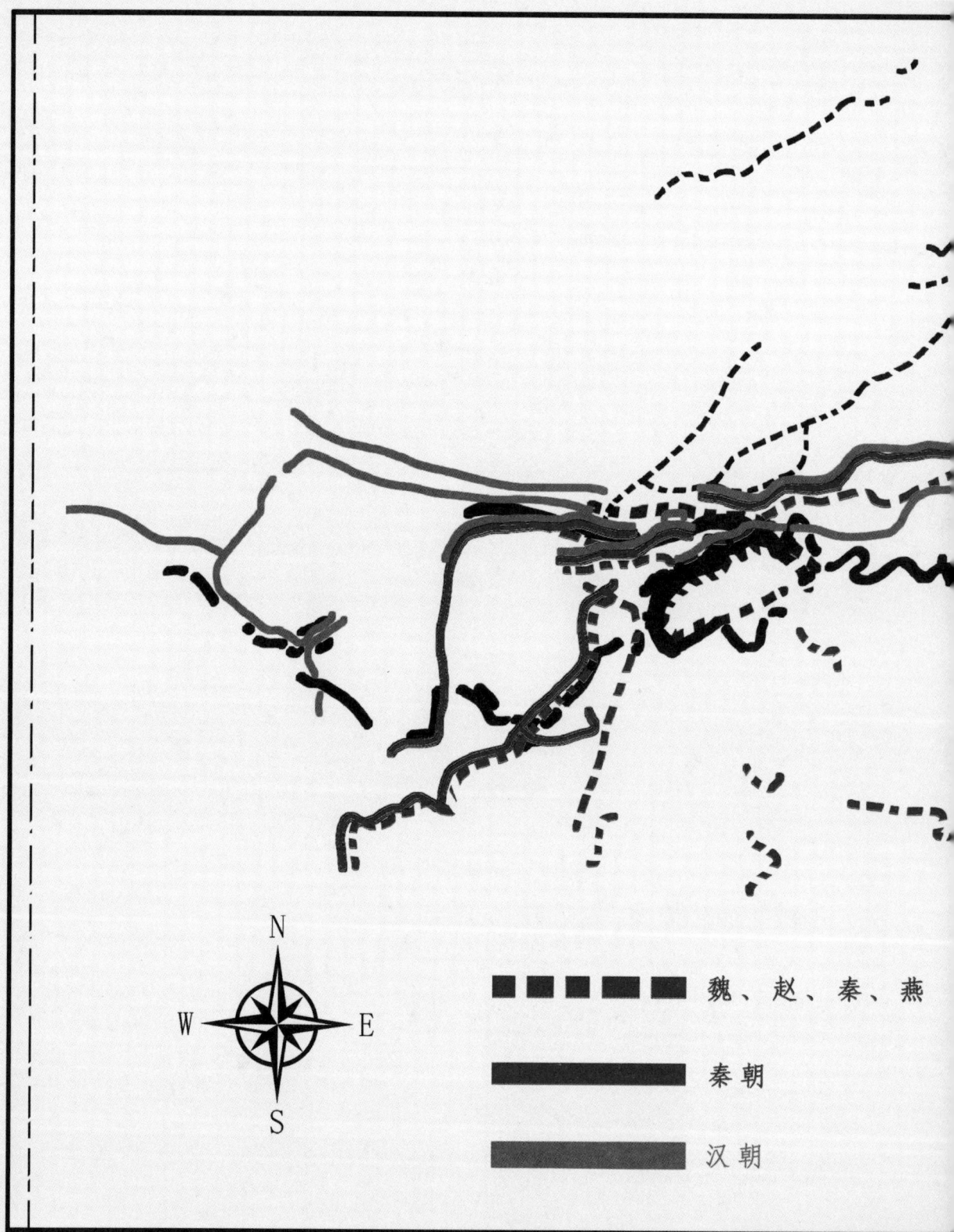

魏、赵、秦、燕

秦朝

汉朝

长城的真实总长没有精确的数据，因为长城的建筑以及修缮时间跨度长，大多数长城遗址都因年久失修，或者自然、人为破坏等，几乎不能进行确切的统计，这是一种很大的遗憾。但目前现存长城在我国积极保护下已经实现了明确的统计，也有了数据。

中国历代长城大致分布图

长城的修筑历史可以追溯到西周时期，之后延续不断修筑了2000多年，分布于中国北部和中部的广大土地上，总计长度达20 000多千米。

20 000多千米有多长呢？举个例子，地球一圈约为40 000千米，也就是说，各朝修筑的长城总长度能够绕地球半圈。更直观一点，我国最北从漠河开始，最南到曾母暗沙，它们之间的直线距离为5 600千米，只占了长城总长度的1/4左右。

■ ■ ■ ■ 元魏

北齐、隋朝

■ ■ ■ ■ 辽、金

明朝

长城建筑分布 ⭐

长城主要建筑分布在河北、北京、天津、山西、陕西、甘肃、内蒙古、黑龙江、吉林、辽宁、山东、河南、青海、宁夏、新疆等 15 个省区市。

它不光跨过的省市多，涵盖的地貌类型也相当广泛。从大海（山海关老龙头，渤海）出发，穿过沙漠（甘肃张掖兔儿墩烽燧，巴丹吉林沙漠），翻过高山（司马台长城），跨过平原（大同长城保平堡段，黄土高原与蒙古高原相交的山间平原），穿过良田美池（甘肃省永昌县长城），到达各个需要守卫的地方。

长城因其无可比拟的军事和建筑价值，于 1987 年 12 月被列入《世界遗产名录》。

山海关老龙头

司马台长城

甘肃张掖兔儿墩烽燧

大同长城保平堡段

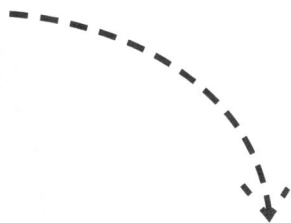

甘肃省永昌县长城

长城为什么叫长城?

其实并不是所有朝代和地方都将其称为长城,但综合来说,"长城"是使用范围最广、使用时间最长的名称,于是现在大家都这样称呼了。

使用名称	使用时间	史料
长城	始于春秋战国时期	《史记·楚世家》载:"齐宣王乘山岭之上,筑长城,东至海,西至济州,千余里,以备楚。"
方城	只有春秋时期楚国使用	《汉书·地理志》载:"叶,楚叶公邑,有长城,号方城。"
堑、长堑、城堑、墙堑	从战国直到明代几乎都有使用	《北史·契丹传》载:"契丹犯塞,文帝北讨至平州,遂西趣长堑。"
塞、塞垣、塞围、长城塞、长城亭障、长城障塞	各朝代均有使用	《后汉书·乌桓传》载:"秦筑长城,汉起塞垣。"
壕堑、界壕	金代专用	——
边墙、边垣	明朝	《明史·兵志》载:"请修宣、大边墙千余里。"

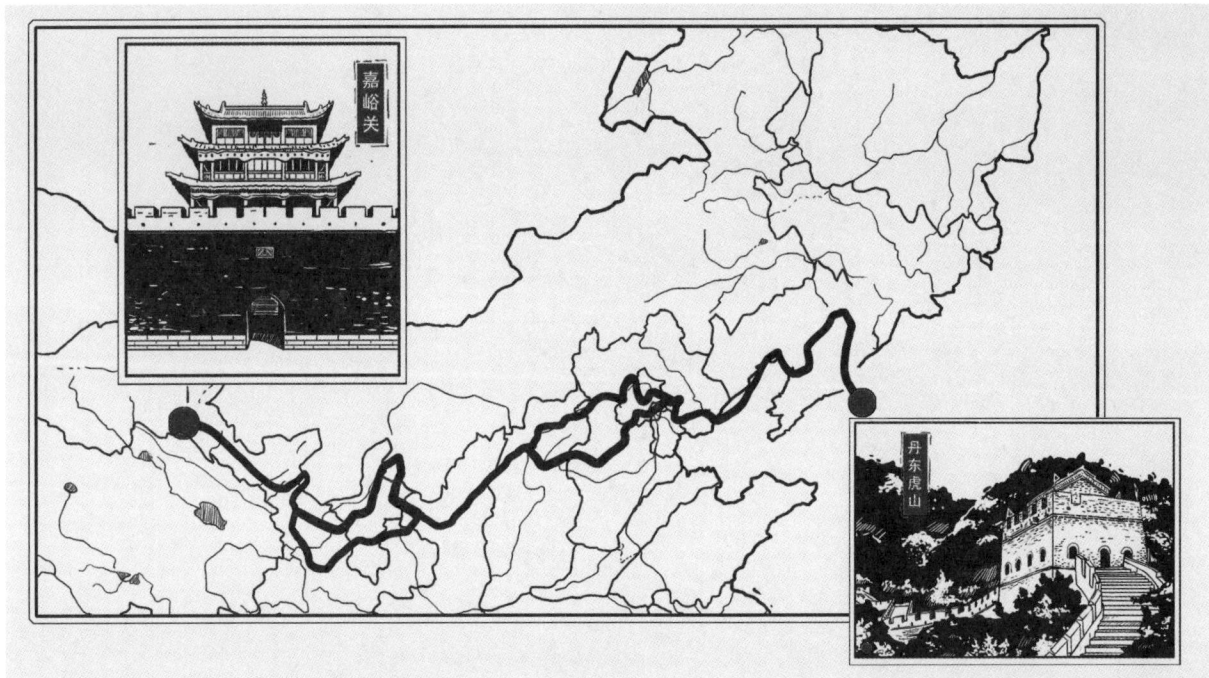

2012年6月5日，国家文物局在北京居庸关长城宣布，中国现存长城长度为 21 196.18 千米。但是这并不是长城的总长度，因为在考据过各类历史文献后，我们发现有 20 多个诸侯国家和封建王朝修筑过长城，由于年代久远，早期各个朝代的长城大多数都残缺不全，若根据记载把各个时代修筑的长城加起来，总长度超过 10 万千米。

经过岁月的打磨，现在保存的比较完整的是明代修建的区域，我们现在所说的长城多是指明长城。明长城东起辽宁虎山，西至甘肃嘉峪关，总长度为 8 851.8 千米。

1.2 长城的结构

长城不只是一面墙 ★

当我们第一次看到长城时,都会被它绵延万里的城墙所震撼,但长城并不只有城墙,还有许多我们难以识别的建筑物,它们共同组成了一套完整的防御工程体系。总的来说,长城是我国古代的一项综合军事工程设施。城墙、敌楼、关城、营城、卫所、镇城烽火台、城墙外侧的各种障碍物、外围的关堡等多种防御工事所都是长城的组成部分,它们由各级军事指挥系统层层指挥、节节控制。

据统计,长城墙体、壕堑、单体建筑、关堡和相关设施等建筑共有 43721 处。(数据源于 2012 年 6 月 4 日,国家文物局定稿《长城认定资料手册》)

在冷兵器时代,长城以建筑的形式作为一个战略缓冲区,不仅在战时能有效地阻挡游牧民族的入侵,在和平时期也能促进不同民族文化、商业等方面的交流。

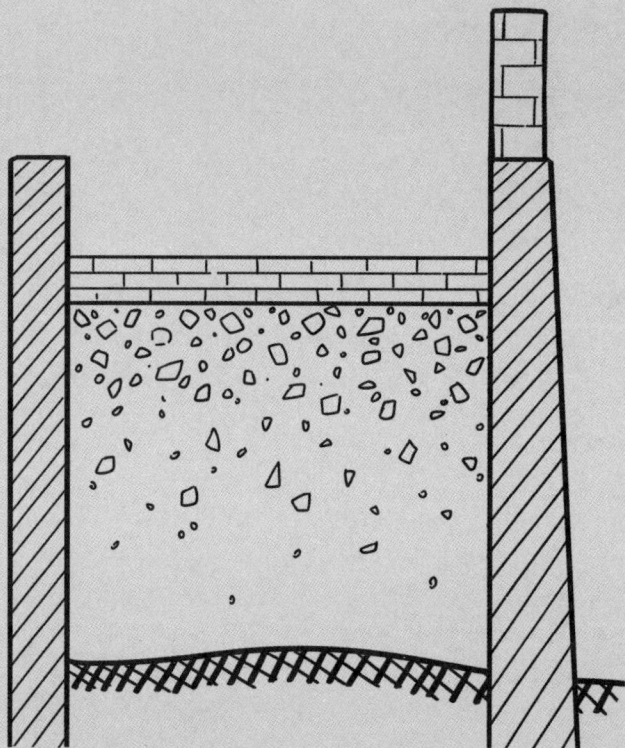

城墙是把防守、拒阻及掩蔽等功能集于一体的线式防御工程建筑物，是长城这一防御工程中的主体部分，也是联系雄关、隘口、敌台等建筑的纽带。由于时间、技术、地域等因素不同，墙体的构筑材料和地点选择均有很大的不同，但它们的断面都是底宽顶窄的梯形。在没有大面积沟通的情况下，设计者们为什么都选择了类似的方式呢？因为这种形态是墙体两侧向上收分而形成的，在当时建筑材料没法统一控制的客观条件下，使用这种形态能有效地加强墙体的稳定性。

各朝代长城的另一个共同特点体现在它的修筑工艺上：用力夯实一层后再夯实一层，而不是一次成型。这种施工方式极大地提高了城墙的耐久性，使得公元前 656 年的长城也能保存至今。

在漫长历史中，城墙的修筑高度大都根据地势而变化，在陡峭的地方修得比较低，而平坦地方的城墙整体比较高，平均高度为 7.8 米，有些地段高达 14 米。

以我们最为熟悉的明长城为例，城墙主要由墙身、垛子、瞭望口、射口等构件组成，城墙顶部道路至少能保证两辆马车并排经过，最大限度地保证了物资的运输。

顶面方砖

垛子，瞭望口

射口

外檐墙

内檐墙

墙身

墙身：分为内檐墙和外檐墙，支撑起整个城墙，中间铺填碎石，顶部由多层砖铺砌而成。

垛子：城墙上的齿形墙统称为垛子，约有两米高，士兵在放箭或者进行炮击的时候可以躲在垛子后面，最大程度地保护士兵安全。

瞭望口：垛子下凹部分称为瞭望口，用以观察敌情。

射口：垛子下部开出的小口叫作射口，由于面积较小，士兵在攻击时不易受到敌人伤害。

关隘 ★

关隘并不是因为长城的修筑才出现的。它在我国历史上由来已久，最早出现在夏、商、周三代，是当时朝廷在边境上所修筑的独立建筑，主要用来征收税款。随着时代的变化，关隘与长城进行结合后，就变成了我们今天所知道的"一夫当关，万夫莫开"的"关"了。

关隘的选址至关重要：它的位置要么有利于防守，要么位于交通要道，要么能够控制江河海湾。关隘位置的选择具有极高的战略、战术价值。

关隘上修建的建筑是关城，是万里长城防线上最为集中的防御据点。

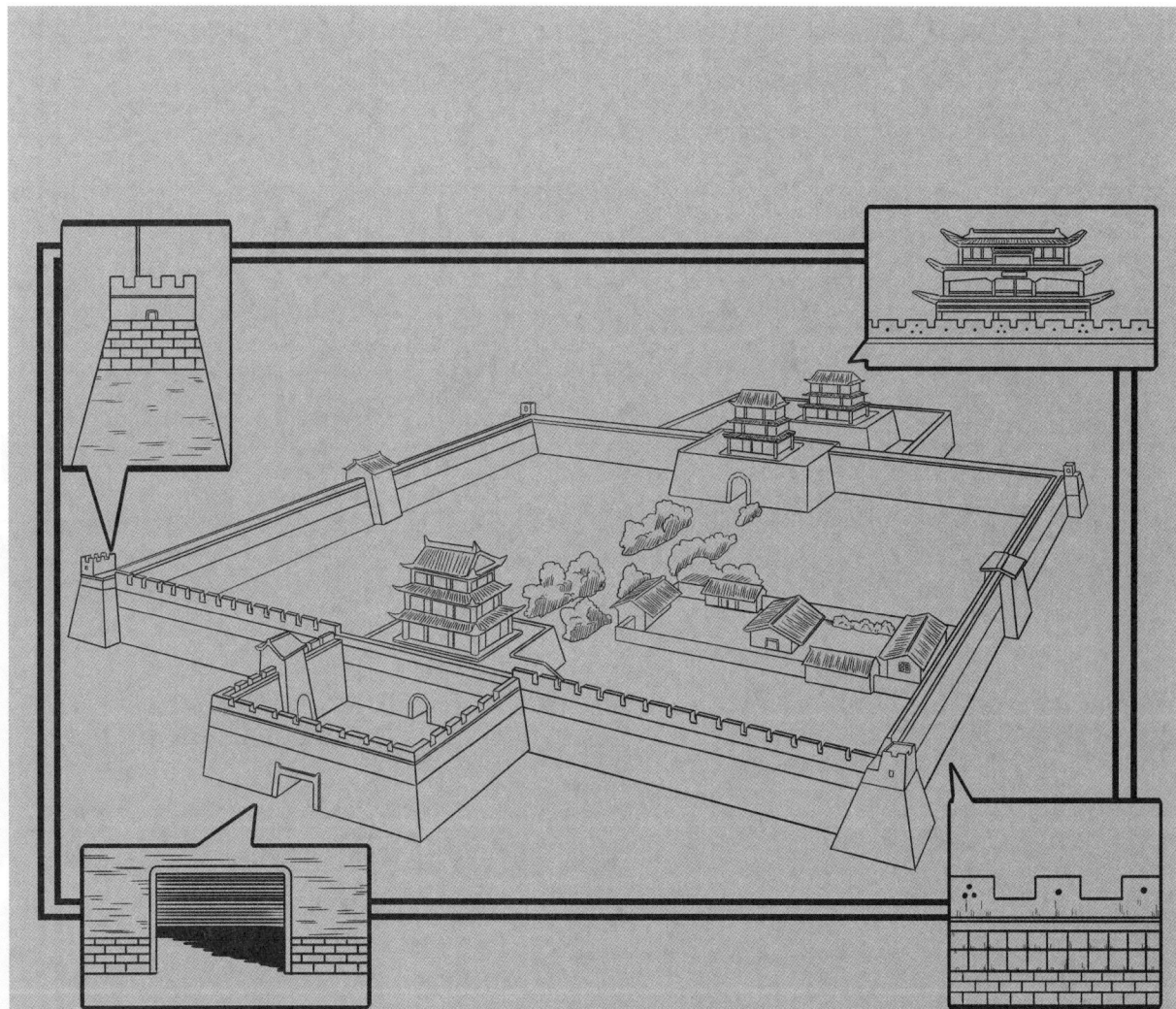

关城大都由四边形或多边形的城墙及城门、城楼、墩台等构件相互结合而成，平原地区的较大关城还包括环绕其外的护城河和罗城。

在长城组成部分中关城单体面积最大，能够容纳较多的兵力，储备足够的兵器、食粮和军用物资，保证关城管辖范围内长城线上的军需充足，是防御作战的主要兵力供应点。

烽燧 ★

烽燧也称烽火台、烽台、烟墩、烟火台，是点燃烟火传递重要消息的高台，所使用的烽火传讯方式是我国也是世界上最古老且行之有效的消息传递方式。

由于当时通信不发达，信息传递非常缓慢，如遇敌人来犯或其他重大事故，消息很难及时传递出去，烽燧的修建在极大程度上缓解了这一状况。

相邻烽燧之间距离一般约为 5 千米，大都修建于高岗、丘阜之上，便于守卫观察。守台士兵发现敌人来犯时，立即燃起烽火，邻台见到后也同样点燃，一个接一个地，敌讯便迅速传递到军事中枢部门，这样极大地提高了消息传递的效率。

烽燧一般为独立建筑，整体形状因时、因地而不同，主要有方、圆两种。建筑上方有守望房屋和燃烟放火的设备，下方配置住房、牲畜圈、仓库等，平时有专人看守。根据汉简记载，单个烽燧的守卫人数较多，除了燧长、专职守台士兵、厨师，还有戍卒，其负责修建、收集柴草等工作，较大的烽燧甚至配置了十多人驻守，足以看出当时朝廷对烽燧的重视。

你知道狼烟吗？

"狼烟"是烽燧在传递信息时点燃的烟火。关于狼烟的解读有很多种：有认为之所以叫狼烟是因为某些地区燃烧材料难以获得，就捡拾狼粪进行燃烧传递信息的，也有认为狼烟的"狼"不是指的具体动物，而是对具有狼性的游牧民族的代称……不管怎么说，燃起狼烟便意味着敌军来犯，都是战争的前兆。发展到后来，烽火狼烟甚至直接成了战争的代名词。

关口的作用 ★

关口是长城的通道出入口，常建于长城地势险要、交通要道处，是长城经过区域的地理节点、军事要塞、经济命门。简单来说，可以将关口理解为长城关隘的出入口，类似于现代的边境检查站。

那么，我们的万里长城一共多少座关口呢？这个问题至今没有确切答案，因为长城的修建历史十分漫长，在日晒风蚀、王朝更迭中，许多长城建筑早已破损不堪，甚至踪迹难寻，再加上文献也少有清晰记载，对关口进行统计就成了难以进行的工作。

明长城是现存最为完整的长城段，经过统计，光是明长城的关口就有大大小小近千处之多，以此推测，整个长城可能有上万个关口。

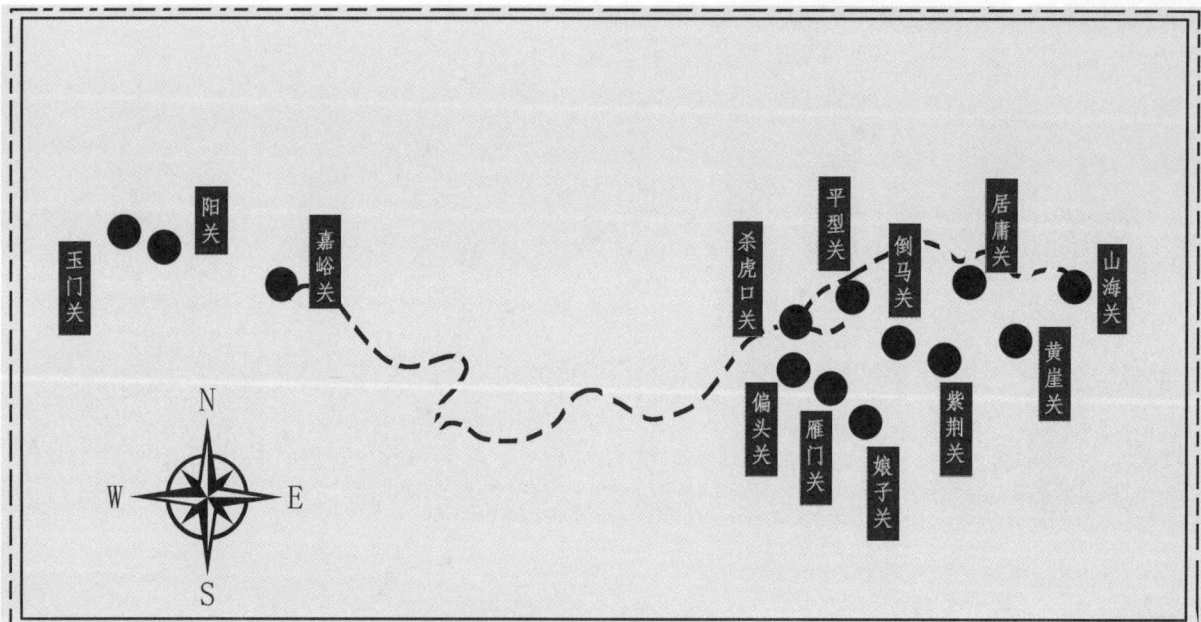

现在，被人们所熟知且具有代表性的关口有十三座：山海关、黄崖关、居庸关、倒马关、平型关、偏头关、雁门关、杀虎口关、阳关、玉门关、嘉峪关、娘子关、紫荆关。它们和"烽火狼烟""折柳相思""号角连营""战鼓隆隆"等符号联系在一起，在地理、军事、经济、文化等各个方面见证了王朝的兴衰。接下来简要介绍其中十几座。

山海关 ★

山海关位于河北省秦皇岛市东北约 15 千米处，距今已有 600 多年历史，是明长城唯一与大海相交汇的地方，整个关口北倚燕山，南连渤海，故得名山海关。山海关古时称作榆关，也写作渝关，又名临闾关。除了名字多，山海关还有中国长城"三大奇观之一""两京锁钥无双地，万里长城第一关""边郡之咽喉，京师之保障"等众多称谓。

中国长城三大奇观：东部山海关、中部镇北台、西部嘉峪关。

明洪武十四年（1381 年），皇帝朱元璋命魏国公徐达寻址建造长城关口，经过谨慎选择才最终确定现在的位置——山海关地理位置处于当时农耕文明与游牧文明的交界处，能够控制东北地区，保证华北地区入海口安全，保持贸易通道畅通。（出自《长安客话·古榆关》："枕海襟山，实辽蓟咽喉，乃移关于此"）

山海关是中国第一批重点文物保护单位之一，1987 年被列入世界文化遗产名录。

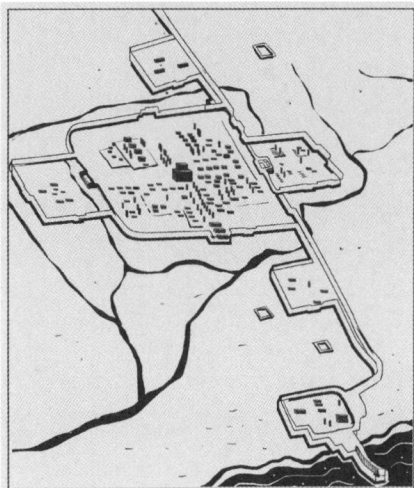

镇东门

山海关是一座小城，整个城池与长城相连，以城为关。关城周长 4 727 米，城高 14 米，厚 7 米，有四座主要城门：东门"镇东门"、西门"迎恩门"、南门"望洋门"、北门"威远门"。

镇东门即为赫赫有名的"天下第一关"，是山海关保存最完整的城门，整体属于箭楼格式。匾额长 5 米高 1.5 米，每个字都 1 米有余，字体为楷书。据当地的史志记载匾额相传是明代成化八年进士、山海关人萧显所题。

山海关作为旧时军事重镇，今日旅游胜地，除了保存有多种军事用途的专用建筑，还有东罗城、威远堂、靖边楼、牧营楼、临闾楼、瓮城等建筑，以及延伸 1 350 米的明代平原长城景区可供游览。

黄崖关 ★

黄崖关位于天津市蓟州区北约 30 千米的崇山峻岭之巅，是明代蓟镇长城的重要关隘，也是蓟县境内唯一的一座关城。

黄崖关城东侧山崖的岩石多为黄褐色，当夕阳映照时，整片山崖金碧辉煌，有"晚照黄崖"的美称，关城也因此得名。

黄崖关位于的长城始建于北齐天保七年（556年），唐代安禄山加筑，明代戚继光重修并增建了凤凰楼、八卦街和许多楼台。关口建造于明永乐年间，成化二年（1466年）建太平寨，在隆庆、万历年间进行了大型修缮，建成正关、水口、东西稍城和砖墩等设施完备的防御工程体系。

黄崖关关城由正关、水关、东西稍城和墩台组成。

正关别称小雁门关，正关位于沟河西岸，城墙周长 890 米，面积 40 000 平方米，是黄崖关口主体。南门上部嵌入一方汉白玉牌匾，牌匾上用楷书书写"黄崖关"。正关内按照方位，从西北开始分为八个卦区，街道房屋纵横交错，使人迷糊。所以这个"八卦关城"又称"八卦迷魂阵"，是万里长城沿线的军事防御设施中唯一按照这种方式排布的关口。

关内北面城墙向东延伸就是水关。水关是一座桥洞式建筑，全长 75.5 米，高 12.5 米，上部设置雉堞，下部修筑五孔拱形水洞，是万里长城中唯一的水关。

居庸关 ★

居庸关位于距北京市区50
余千米外的昌平区境内,
历史上还曾经有过纳款关、
蓟门关、军都关等名称,
与嘉峪关同享"天下第一
雄关"的声誉。关城有南
北两个关口,南名"南口",
北称"居庸关"。

相传秦始皇修筑长城时,
将囚犯、士卒和强征来的
民夫徙居于此,后取"徙
居庸徒"之意,居庸关由
此得名。

居庸关东部连卢龙、碣石,
西部连太行山、常山,位
置关键,形势险要,自古为兵家必争之地,所以在燕国时就已经成为军事要隘,之后汉、唐、辽、金、元
数朝都加以修葺,设为重关,后经过多场战役损毁严重,但因为其重要的地理位置,洪武年间,明太祖朱
元璋派遣大将军徐达重建,这就是我们现在看到的居庸关了。

居庸关两旁山势雄奇、风景绮丽,早在800多年前的金代,就被列为"燕京八景"之一,称为"居庸叠翠"。

居庸关的中心,有一个过街塔的基座,名叫云台,原本是用于放置建筑的基座。云台建成于元代至正五年(1345
年),建筑主体全部使用汉白玉石,远远望去犹如在云端漂浮。

倒马关 ★

倒马关位于河北唐县西北 60 千米外的倒马关乡倒马关村，是古时由塞外的涿鹿、蔚州飞狐、满城等地到塞内保定周围的必经之处。在战国时名鸿之塞，汉代称常山关，北魏叫铁关或鸿山关，明代以后通称倒马关。

倒马关关城始建于明景泰三年（1452 年），后于成化元年（1465 年）又进行了一次大规模的维修。整座关城根据当地地势修建，西、北、东三面围绕唐河，南依山岭，平面呈东西长方形，分为上下两城。

倒马关的名字由来也十分有趣，古时游牧民族打仗多骑乘在马上，倒马关附近山路险峻、通道狭窄，战马到此经常会摔倒，从一定程度上削减了敌方的战斗力，这一名称也就此被传出来了。

长城著名的外三关与内三关

外三关：山西省忻州市的偏头关、宁武关、雁门关

内三关：北京昌平的居庸关与河北保定的紫荆关、倒马关

平型关 ★

平型关位于山西省繁峙县东北与灵丘县交界的平型岭下，因为周围地形像瓶子一样，所以在金代被称为瓶形寨，明清时期根据周围地名改为平型岭关，现今正式确定名称为平型关。

平型关曾经历过数场战役，在保卫我国领土上有着举足轻重的地位。最出名的当属平型关战役。1937 年 9 月 25 日，日本师团主力军队在平型关遭到了八路军的全力攻击，经过 6 个多小时的血战，八路军取得伏击战的完全胜利。

这场战役是中国抗日战争取得的第一个完全胜利，打破了"日军不可战胜"的神话。作为抗战胜利的起始点，1969 年京军区、山西省委、雁北地委，在平型关战场遗址上修建了平型关大捷纪念馆，这座军事博物馆长期对后人进行着爱国主义和革命传统教育，记录了中华民族值得骄傲的胜利。

偏关 ★

偏关，古称偏头关，位于山西省西北部的偏关县黄河边，从五代开始就是重要边关之一，也是明代内长城"外三关"之一。由于原本的关城两侧城墙东仰西伏，像是人偏着头的形态，所以取名偏头关。

"雄关鼎宁雁，山连紫塞长，地控黄河北，金城巩晋强。"这是古人对偏关的赞誉，也是对偏关位置的具体描述。偏关长城东连平鲁县崖头东界，西处黄河入晋南流的转弯处，南连河曲县石梯隘口，北贯草垛山。长城至此分为内外，外长城即山西、内蒙古自然分界，内长城为朔州、忻州两地分界。

因为其独特的地理位置，偏关只有东、南、西3个门，没有北门，这是为什么呢？一般古代长城的关口城墙都有四个门，偏关处于内城墙最北端，无险可守，不开设北门可抵挡北来的硝烟，有着拒绝战争、尽早防御等考虑。

偏头关

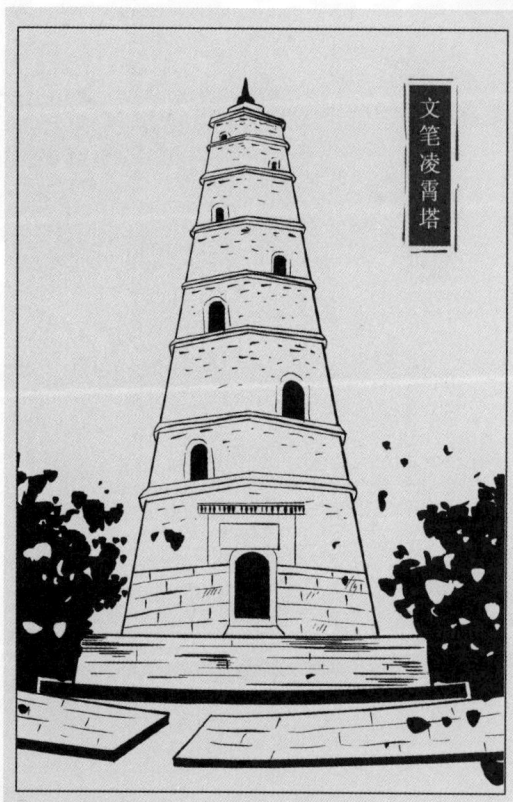

文笔凌霄塔

偏关制高点上是著名的旅游景点文笔凌霄塔。塔高35米，是使用砖石结构八角形楼阁式空心雁塔，属于明代建筑，塔的外观形似文笔，故名"文笔凌霄塔"，这座塔在今天已被人们视为偏关的象征。

明代后，各民族之间的文化、商业等方面交流都进一步加强，偏关既作为晋北门户，也作为晋北与内蒙古互市的通商口。在战争缝隙开放边禁以供蒙汉人民互市，通过商品之间的交流，各民族之间的感情也融洽无间。

雁门关 ★

雁门关位于山西代县古城北约 20 千米雁门山中，以"险"著称，"外三关"之一，被誉为"中华第一关"，还有着"天下九塞，雁门为首"的传说。

雁门关既是一个关口的名字，也是一个防区的名字。雁门关的整体布防概括为"双关四口十八隘"，它不仅仅只是一个关口，还管辖着附近很多隘口和边墙，这些管辖部分和长城共同构成中国冷兵器时代最为庞大、完整、严密、复杂的军事防御工程。

双关：东陉关和西陉关，双关并存，互相倚防，现在我们所说的雁门关关口是指东陉关。

四口：连接东陉关的广武口和南口，连接西陉关的白草口和太和岭口。

十八隘：水峪、胡峪、马兰、茹越、小石、大石、北楼、太安、团城、平刑、太和、水芹、吊桥、庙岭、石匣、阳武峪、玄冈、芦板口。

雁门关是古代中国北境著名边关要塞，南控中原，北扼漠原，守卫着山西北部重要的战略通道，也是宋辽之间的第一道战线，雁门关的得失对于中原王朝的存亡来说至关重要。

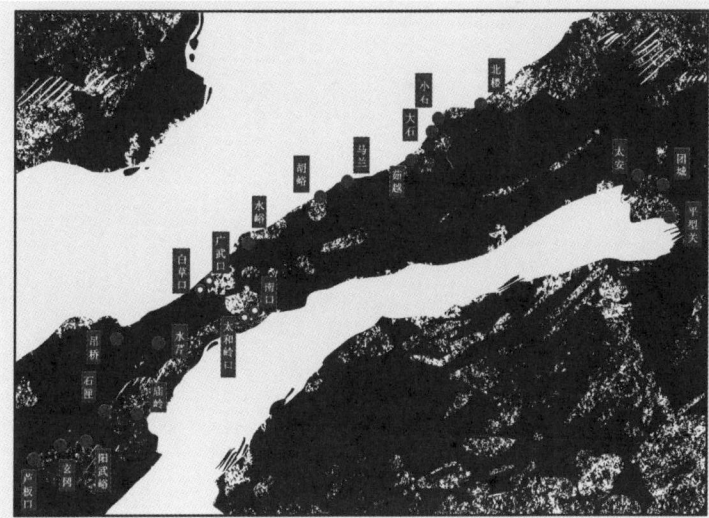

雁门关也是中国历史上著名的商道，明代之后，雁门关的军事功能逐步减弱，成了沟通塞外与中原、南方与北方的必经通道、古代商贸之路的重要节点，更是"玉石之路""茶叶之路"的咽喉要道。

杀虎口关位于山西省朔州市右玉县境内晋蒙两省交界处，是山西的"北大门"，春秋战国时期称参合陉，隋唐时期叫白狼关，之后也称西口关。由杀虎堡（旧堡）、中关、平集堡（新堡）、杀虎口长城组成，杀虎口长城修建较早，可追溯至春秋战国，至今已有两千多年历史。

杀虎口一个"杀"字、一个"虎"字都带着一丝血腥气，光是听名字都会心生恐惧。这一名字的由来也是历史发展的见证。明朝为了抵御蒙古瓦剌南侵，多次出兵征战，这一关口作为出征前的最后一道关口，起名"杀胡口"以振奋军心。随着历史的进程，明隆庆五年"隆庆议和"，蒙汉开通"互市"，关口内外人民化干戈为玉帛，友善通商。1925年，韩多峰为了进一步缓和民族关系，促进中原地区与塞外的贸易顺畅，正式将关口改名为杀虎口。

杀虎口是历史上存在了280年的重要税卡，关税日进"斗金斗银"。明清时期，杀虎口成为晋商的发源地和主通道。"走西口"事件中的"西口"，也是指的杀虎口。盛极一时的"大盛魁"商号就是发源于这里，"杀虎口"的路成了当年金光灿灿的豪商巨富之路。

杀虎口是茶马粮盐的古道，也是兵家必争的要塞，见证了汉伐匈奴、唐战突厥、宋驱契丹、明御内蒙古、清平喀尔丹等楚河汉界的千年纷争。

阳关 ★

阳关位于甘肃省敦煌市区西南约 70 千米处，和玉门关分别位于南、北两端，共同守卫着中原连通西域和欧亚的交通要道。

阳关始建于西汉武帝时期，为了巩固边疆安防，公元前 1 世纪汉武帝在河西地区"列四郡、设两关"，其中的"两关"也就是阳关和玉门关。阳关是中国最早的海关，是丝路南道的咽喉，是中西文化交流的孔道。西汉时为阳关都尉治所，魏晋时，朝廷在此设置阳关县，唐代在此设置寿昌县，宋元以后丝绸之路逐渐衰落，阳关的作用也逐步减少，直至最终废弃。

现存的阳关有汉唐时期的古关、古城、古烽燧、古水源、古道、古塞墙、古墓葬、古陶窑等众多文物遗址，对研究古代文化具有重要价值。

阳关烽燧坐落在戈壁、沙漠之间，将本应是人迹罕至的地方，变得十分热闹。我们看一看历史上有多少名人曾来此"打卡"。张骞一行出使西域，从阳关出发开始征程，促进了汉夷之间的第一次文化交融；高僧玄奘从天竺取经回国，依靠丝路南道，东入阳关返回长安；西域高僧鸠摩罗什从阳关入中原传播佛法……

"劝君更尽一杯酒，西出阳关无故人。"唐代大诗人王维的一首《送元二使安西》（又叫《渭城曲》），让阳关的名字响彻五湖四海。现在的阳关入口处还耸立着一尊王维的雕像，雕像手举酒杯、目视前方，合着古琴曲《阳关三叠》的旋律，丝路驼铃、金戈铁马、胡笳羌笛仿佛也在耳边响起，阳关的辉煌历史又一次呈现在了眼前。

王维雕像

玉门关 ★

玉门关现址在今甘肃敦煌西北，又称小方盘城，处于河西走廊最西端，疏勒河南岸，相传当时西域的和田美玉从这里运入中原，从而得名玉门关。根据史料记载，玉门关的故址至少经历了三次变迁，最初，寻找地址踪迹一直是学者们研究的重要课题。

玉门关始建于公元前 111 年左右，至今已历时 1140 余年，和阳关同是汉代时期重要的军事关隘和丝绸之路的交通要道。

现在的玉门关看起来像是一个夯土堆的遗迹，耸立在东西走向戈壁滩狭长地带中的砂石岗上。玉门关整体呈方形，墙高最高 10.05 米，南北 24.40 米，东西 23.60 米，四面土墙壁厚 4 米，总面积 630 多平方米，在土墙的西北两面各开一门洞，东南角呈封闭状态。

汉朝时，对于战士、使者来说，玉门关就代表着家乡：霍去病、赵破奴等人从玉门关呼啸而过，将匈奴赶到遥远的西北一带；班超奉命出使西域收复了 50 多个国家后，请求回家时写道："臣不敢望到酒泉郡，但愿生入玉门关。"

唐朝时，随着海上丝绸之路的兴起，陆上商贸逐步衰弱，除了驻扎在玉门关的军队，越来越少的人驻留或经过这里，就这样逐渐冷清，直至荒废。

现在，玉门关虽然不再作为军事关隘，但它的文化和历史意义永远不会被遗忘。2014 年 6 月 22 日，玉门关被联合国教科文组织列入《世界遗产名录》，来参观现存遗址的游客络绎不绝，玉门关成了边塞历史章程里一个重要的符号。

嘉峪关 ★

嘉峪关位于甘肃省嘉峪关市西5千米处最狭窄的山谷中部，与居庸关同享"天下第一雄关"的称誉，北连黑山悬壁长城，南接天下第一墩，是明长城以西的最后一个关口，历史上曾被称为"河西咽喉"，素有"中外钜防""河西第一隘口"的称谓，是现存长城上的最大的关隘，也是中国规模最大的关隘。

嘉峪关南部的长城第一墩叫作讨赖河墩，是明代万里长城的西端起点，修建于明嘉靖十八年（1539年），与悬壁长城、嘉峪关关城、烽燧、墩台一起构成了完整的嘉峪关长城防御体系。

嘉峪关始建于明洪武五年（1372年），元代以前，嘉峪地区有关无城，明代开始着手修建关城，断断续续修筑了168年，最终形成五里一燧，十里一墩，三十里一堡，百里一城的防御体系。嘉峪关关城以内城为主，内城墙周长640米，城高10.7米，整体占地2.5万平方米，开东西两个城门。东门"光化门"，意为紫气东升，光华普照；西门"柔远门"，意为以怀柔而致远，安定西陲。内城建有游击将军府、井

亭、文昌阁，东门外建有关帝庙、牌楼、戏楼，西门外有一罗城。关城附近共有墩台66座，配合巡守士兵，形成了严密的监视网络，是关乎河西走廊整体安危的第一道防线。

随着嘉峪关本身建筑的成熟，朝廷政策对它的发展也十分有利。明代规定嘉峪关为从哈密入河西走廊，西域贡使前往明代中原地区法定唯一的进出关口。这一规定加速了玉门关的荒废。

娘子关 ★

娘子关位于山西阳泉市平定县东北的绵山山麓，是万里长城"内三关长城"的最南端，扼太行山井陉口，是晋、冀之间为数不多的通道。关口原名苇泽关，唐朝时平阳公主曾率兵在此设防、驻守，公主带领的部队被当时人称"娘子军"，所以改名娘子关。

娘子关是战国时期中山国所建长城的关口之一，隋初时也在此修建关口，唐之后不断修葺、增补。现存的"承天军城""承天寨""承天镇""固关营"等都是唐大历年后修筑的。

东城为关城上关，东城门称外城门，匾额题"直隶娘子关"；南城门称内城门，门洞上建有"宿将楼"，相传为平阳公主聚将御敌之所，复檐悬挂"天下第九关"匾额，门洞上方额书"京畿藩屏"；西城为关城下关，城墙上有阁楼，题"唐平阳公主驻兵处"字样，阁楼门额书"秦晋屏蔽"。

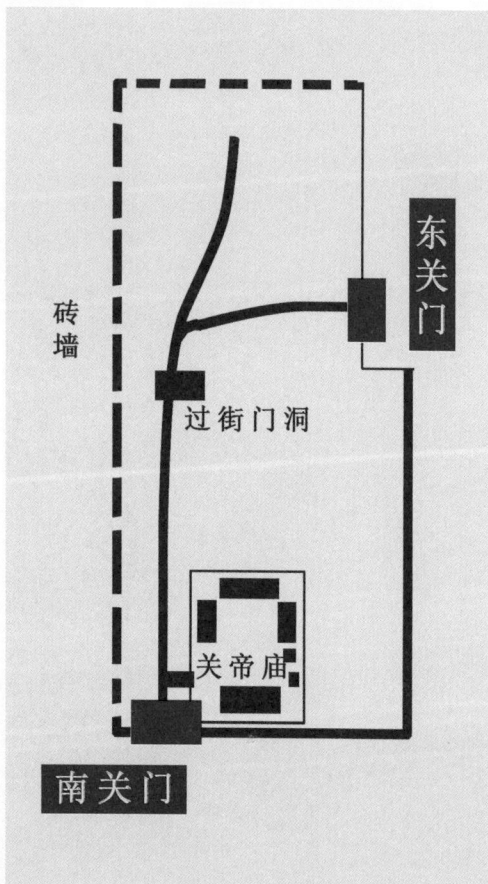

长城是由城、堡发展而来的。早在原始公社末期，城、堡就作为军事上的防御工程而存在。在古代，北方游牧民族行动迅速的骑兵，行踪莫测，诸国无论是步兵还是骑兵，都无法阻止他们袭击和掳掠。只有修筑长城，加上驻军防守，才有可能阻止他们的南掠。可以说回顾整个长城的历史，其代表是中华民族共同抵御外敌表现出的百折不挠的精神。本章将选取长城发展历程中相对有趣的朝代节点，来讲述这些波澜壮阔的史诗。

第二章 ★ 长城历史：铸就中华好脊梁

万里长城

长城的历史可以追溯到公元前 9 世纪的周朝，当时周宣王为防御北方民族的侵袭曾修建了列城和烽火台。秦统一六国后，几乎每一个朝代都有针对外敌修缮与建筑长城的记录。

长城作为中国古代一项极为雄伟的防御建筑工程，当然不是一朝建成的。根据历史记载，自秦以后，统治中原地区的王朝几乎都修建了长城，可以说自西周时期到清代为止的 2000 多年里，人们一直没有停止过对长城的修筑。

据不完全统计，为了防御北方游牧民族或敌国的侵犯，自公元前 7 世纪楚国修筑"方城"开始，汉、晋、北魏、东魏、西魏、北齐、北周、隋、唐、宋、辽、金、元、明、清等 10 多个朝代都参与过长城的修筑，其中秦、汉、明 3 个朝代时修长城的长度都超过了 5000 千米。如果把修建长城的砖石土方全部拆下来，再修成一道 1 米厚、5 米高的大墙，这道墙的长度比地球的周长还长。

修建长城的民族不止有历朝历代的中原王朝，还有以东魏、西魏、辽、金为代表的少数民族，他们亦将修建长城视作国防重点工程。从这可以看出，长城的价值是跨越民族界限的。

2.2 "先秦长城"

先秦时期包括夏、商、西周，以及春秋、战国等历史阶段。

周王朝时为了防御北方游牧民族俨狁的袭击，曾筑先秦时期最早的"长城"——列城，它是以连续排列的城堡作为防御的军事建筑。

战国时期，是中国由奴隶社会向封建社会进行转变的时代，中原大地群雄并起，齐、楚、秦、燕、赵、魏、韩七国在进行改革之后逐渐强盛，不断进行兼并战争，攻伐不断又互相防守，都想要以武力取得统一，形成列国争霸的局面。各国之间为了保护本国的领土不受少数民族和敌国的侵犯，便在各自的领土上建立起一座座互防的长城。

匈奴骑兵

公元前 299 年之前，楚国就修筑了"楚方城"，这是战国时期最早的长城建筑。紧接着齐、韩、魏、赵、燕、秦、中山等大小诸侯国家都开始修筑"诸侯互防长城"，其中，秦、赵、燕三国在修筑诸侯互防长城的同时，又在北部修筑了"拒胡长城"，用以防御北方强大的游牧民族匈奴。

先秦长城的特点是长度较短、规模较小、各个长城之间几乎不相连、各个方向的长城修筑模式也不完全一致。

广义上先秦指秦朝建立前的所有历史时期，也称为先秦时期。但在长城研究史上，狭义的先秦研究的范围，包含了中国从进入文明时代直到秦王朝建立这段时间，主要指夏、商、西周、春秋、战国这几个时期的历史。

北长城 ★

公元前 325 年秦惠文王命令张仪修筑上郡塞，用以防御北方的林胡、楼烦南侵。之后秦昭王为了防止匈奴人南下掠夺，又下令在陇西、北地、上郡北部的边境修筑长城，并派军常年驻守。

公元前 300 年赵武灵王为了防止匈奴南下掳掠，下令从阴山向西直到大河修筑长城，设置代郡、雁门郡、云中郡。

公元前 311 年燕昭王即位后战胜了东胡，又"度辽东而攻朝鲜"，在稳定后方后，在造阳至襄平段也开始修筑长城，设置上谷、渔阳、右北平、辽西、辽东郡，用以抵御东胡。这就是我们现在所称的北长城。从各国修筑长城的方向可以看出，北长城主要的防御对象是当时日益强大的北方少数民族匈奴，他们不断掳掠秦、赵、燕三国北部边境，使三国境内人民的生命财产、生产进步遭受到严重威胁和破坏。在这种客观条件下，三国先后进行了北长城的修筑。

秦惠文王任命张仪

南长城 ★

楚国长城：楚长城修筑于楚怀王三十年（前299）之前，称作方城，主要用于防御邻国的进攻。

齐国长城：齐长城在齐国南部，是利用堤防连接山脉陆续扩建而成的，是中国也是世界上现存最古老而又保存段落或遗迹较多的古长城。《史记·楚世家·正义》引《齐记》记载："齐宣王乘山岭之上，筑长城，东至海，西至济州，千余里，以备楚。"主要目的是抵御楚国的攻击。

中山国长城：中山长城是赵成侯六年（前369）修筑的。主要目的是防御西南赵、晋的侵扰和进攻。

南长城	
楚国长城	楚长城修筑于楚怀王三十年（前299）之前，称作方城，主要用于防御邻国的进攻
齐国长城	齐长城在齐国南部，是利用堤防连接山脉陆续扩建面成的，是中国也是世界上现存最古老，而又保存段落或遗迹较多的古长城。《史记·楚世家·正义》引《齐记》记载："齐宣王乘山岭之上，筑长城，东至海，西至济州，千余里，以备楚。"主要目的是抵御楚国的攻击
中山国长城	中山长城是赵成侯六年（前369）修筑的。主要目的是防御西南赵、晋的侵扰和进攻
魏国长城	魏长城主要分为两条：一是魏惠王在位时，利用西部边境上洛水的堤防扩大而修筑的防秦和防戎长城（河西长城），位于魏国西北方；二是魏惠王晚年，为了保护国都大梁而修筑的南长城（河南长城）
韩国长城	长城最开始是郑国建造的，之后韩国灭了郑国，也将长城继续修筑使用。南长城修筑的防御对象与北长城不同，主要是为了抵御其他诸侯国的进攻

魏国长城：魏长城主要分为两条，一是魏惠王在位时，利用西部边境上洛水的堤防扩大而修筑的防秦和防戎长城（河西长城），位于魏国西北方；二是魏惠王晚年，为了保护国都大梁而修筑的南长城（河南长城）。

韩国长城：长城最开始是郑国建造的，韩国灭了郑国后，也将长城继续修筑使用。

南长城与北长城防御对象不同，主要是为了抵御其他诸侯国的进攻。

2.3 秦长城

秦统一六国后，秦始皇派著名大将蒙恬北伐匈奴，后为了彻底解决北方边患，"使蒙恬北筑长城而守藩篱"。把之前战国时期秦、赵、燕三国的长城连接起来并进行一定程度的加长，形成西起临洮，东至辽东的长城线，线路绵延万余里，遂称万里长城，这就是"万里长城"名字的由来。

秦始皇可以说是长城的"水管工"，他将断断续续的长城连接起来，又拆除部分境内原本用于互防的长城段，此做法有利于秦刚创立的大一统王朝的发展。孙中山先生曾这样评价秦始皇对于长城的贡献："始皇虽无道，而长城之有功于后世，实上大禹治水等。"

秦长城现在只有遗迹残存，也早已失去边防功能，但根据当时的历史环境，长城的连接和增修有效维护了边境的安全、确保了国家的安定。《过秦论》中曾这样形容秦长城的作用："却匈奴七百余里，胡人不敢南下而牧马，士不敢弯弓而抱怨。"

秦朝时生产力和建筑技术都还处于比较落后的状态，工人们修建长城只能就地取材，先在地面上挖出沟壑放入基石以固定，再用木板和石料搭成盒状，之后用加热过的黄泥把里面全部压实，有些地方还会将草木编成槽板插入黄泥之中，便于工程排水，最后等待黄泥全部干固再把木板抽出进行填平，按部就班地进行施工。秦长城的修建共计有 30 万人参与，是人类建筑史上的奇迹。

在一些特别地段中，为了加强长城的坚固性，民工和驻兵把附近的山石一块块切割下来，磨平后再干砌在城上，这些石片小的至少十余斤，大的重达五六十斤，用这些石片砌成的长城十分坚固，屹立千年不倒。现在，秦长城的遗迹大部分都是石片干砌的段落。

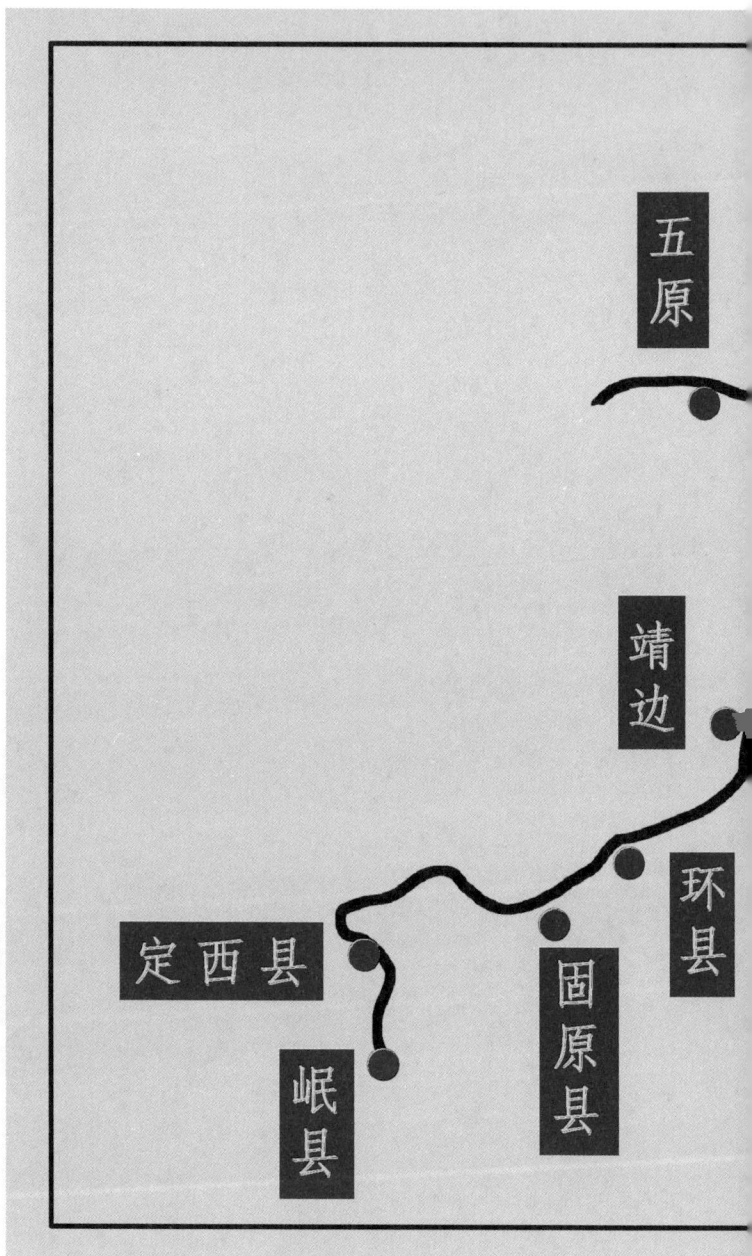

五原

靖边

环县

定西县

固原县

岷县

秦朝（前221—前207）是由战国时期的秦国发展起来的中国历史上第一个统一的封建王朝，秦人的祖先大费是黄帝之孙颛顼的后裔，舜赐其嬴姓。秦王嬴政于公元前221年称帝，史称秦始皇。

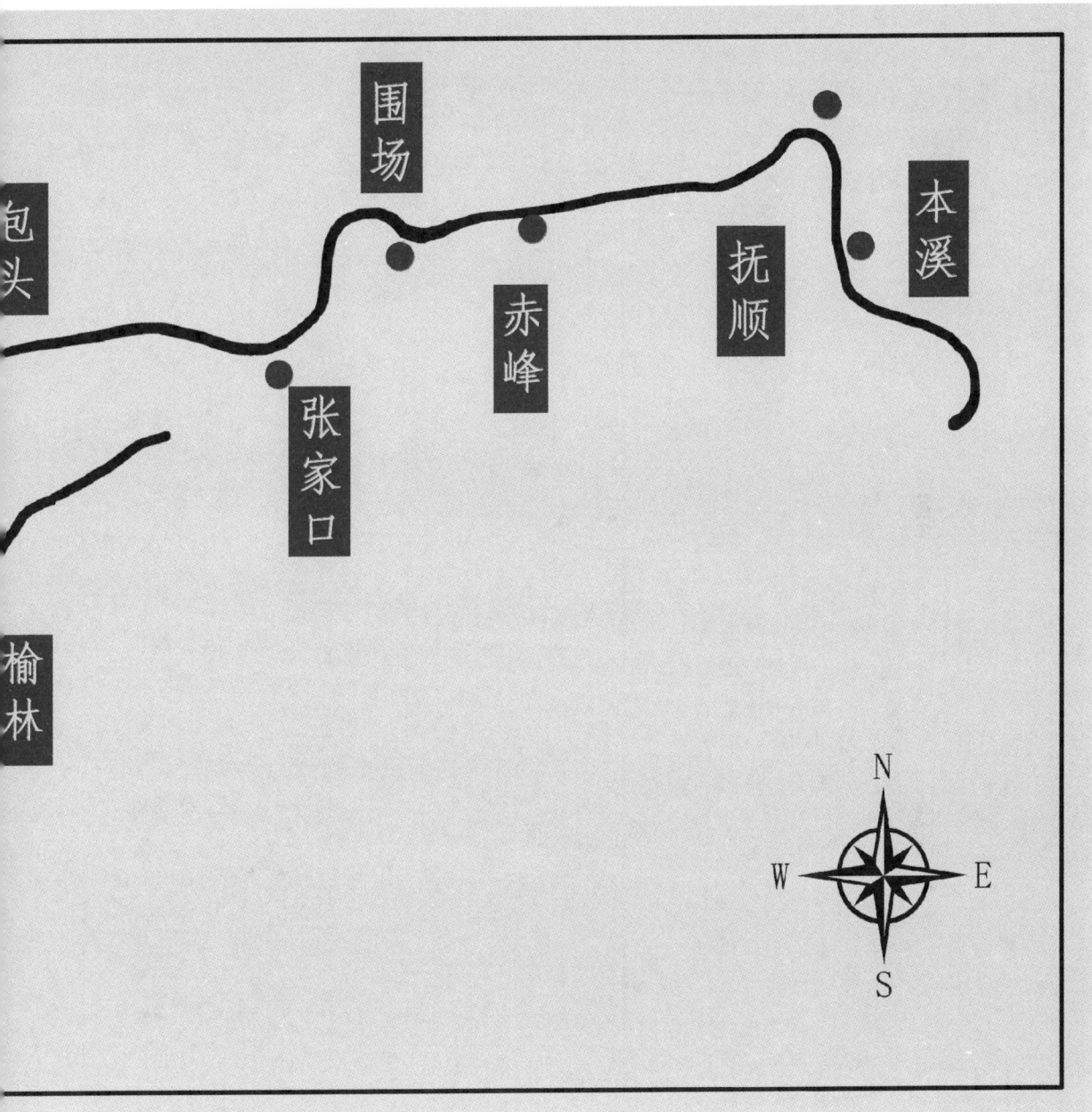

包头

围场

本溪

张家口

赤峰

抚顺

榆林

N
W E
S

"炒熟"黄泥 ★

在秦以前，人们修筑长城时所用的黄泥都是未经处理的，里面包含大量虫卵、种子等杂质，不够坚固，同时，种子等杂质还会发芽，所以先秦长城的工人们过一段时间就需要翻新一下泥土，给长城"除除草"。秦朝时使用的黄泥在经过加热"炒熟"之后，相当于进行了简单的提纯，有效增加了长城的坚固度。

2.4 汉长城

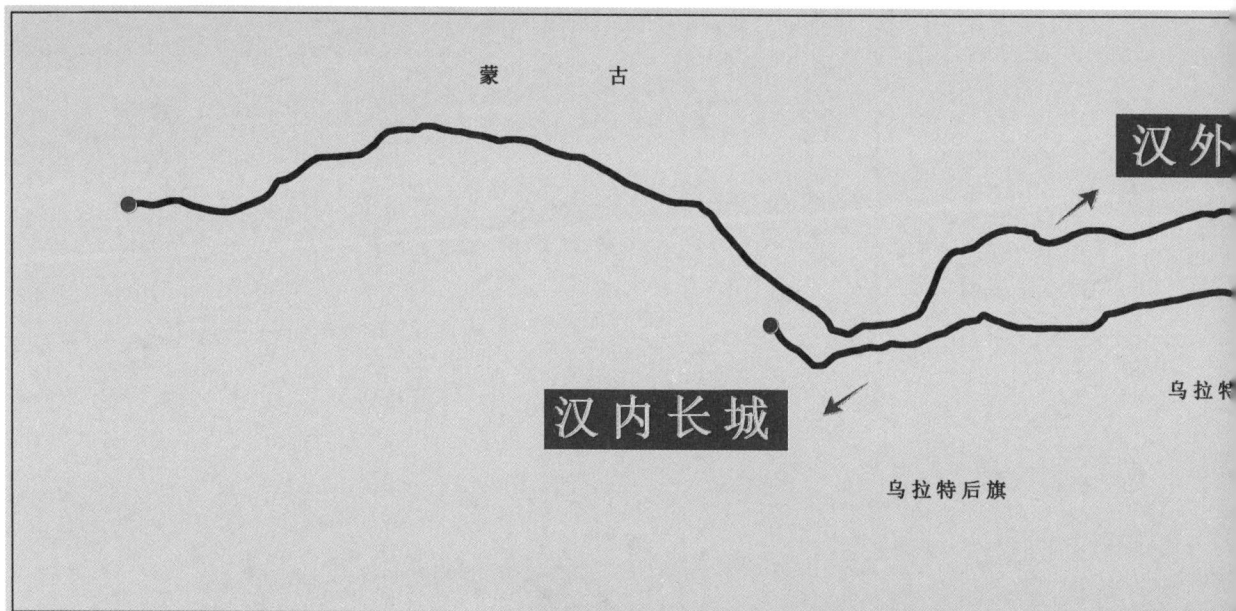

汉初，中原战乱，匈奴趁势越过了秦长城，汉王朝与匈奴只能以秦、赵、燕等先秦长城作为边界线。由于先秦长城年久失修、缺乏维护，再加上秦始皇修建长城时将部分内长城拆除，导致旧长城能发挥的防卫作用十分有限。后为使边疆安宁，汉武帝多次进行西征，在将匈奴赶到漠北狼居胥山以外后，他下令立即修复了蒙恬所筑的秦长城，并再次将长城外扩。

汉长城修建时间超过 20 年，是中国历代修建长城中最长的一段。修复的秦长城加上新建的长城距离超过 20 000 千米，是中国封建社会中第一次进行西部开发的重要历史见证。

汉朝（前202—220）是继秦朝之后的大一统王朝，共历29帝，享国407年。刘邦建立汉朝，定都长安，史称西汉。25年刘秀重建汉朝，定都洛阳，史称东汉。

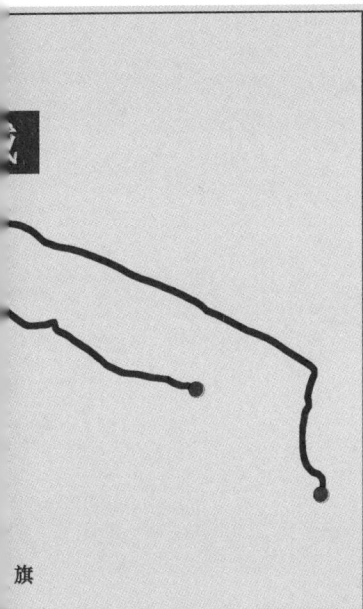

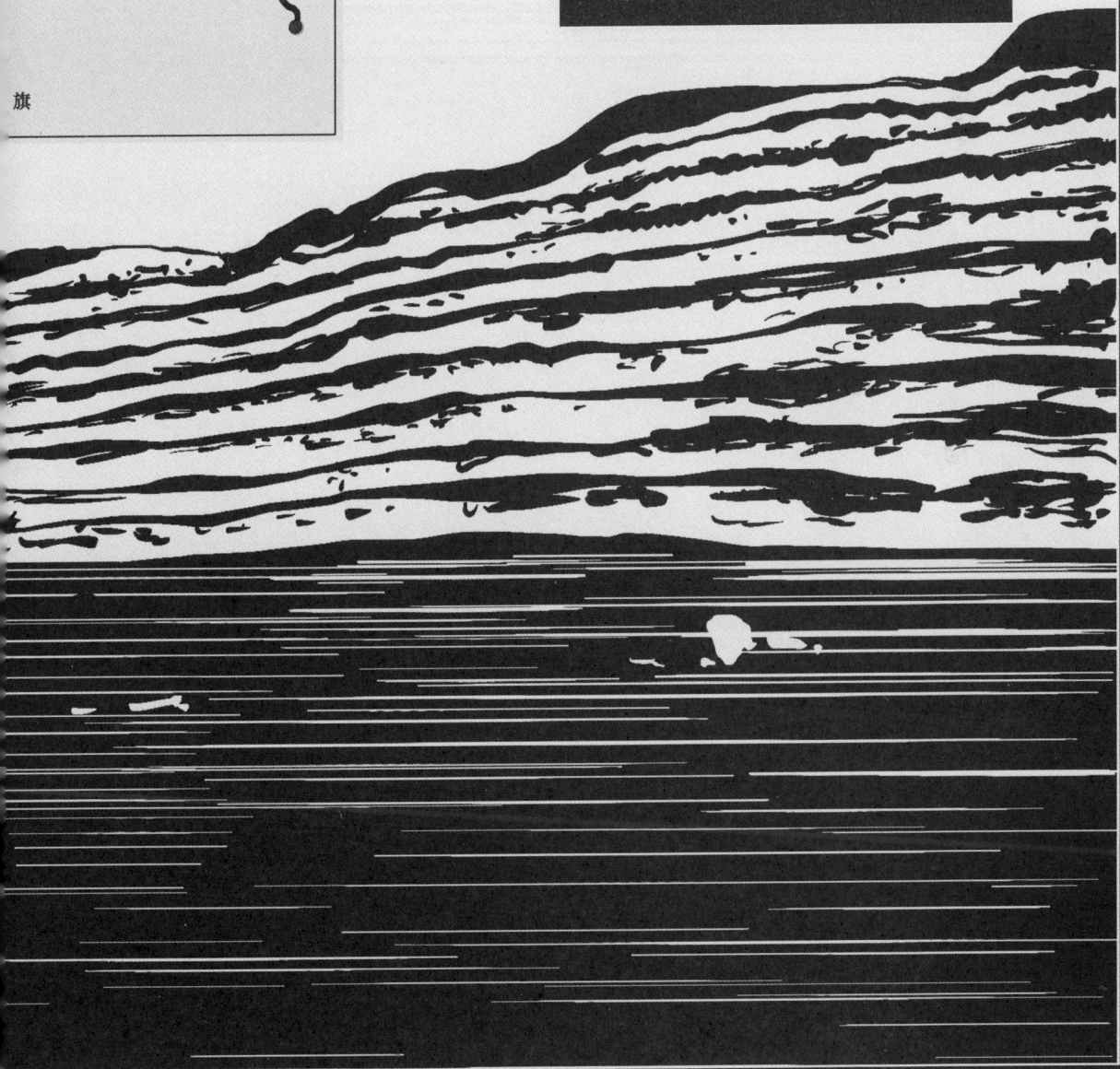

旗

汉长城遗址

2.5 隋长城

```
                    ┌─────────────────────┐
                    │    隋朝六次修长城      │
                    └─────────────────────┘
              ┌──────────────┴──────────────┐
       ┌─────────────┐                ┌─────────────┐
       │    隋文帝     │                │    隋炀帝     │
       └─────────────┘                └─────────────┘
   ┌────────┬────────┬────────┐        ┌────────┬────────┐
┌──────┐ ┌──────┐ ┌──────┐ ┌──────┐ ┌──────┐ ┌──────┐
│581年 │ │585年 │ │586年 │ │587年 │ │607年 │ │608年 │
└──────┘ └──────┘ └──────┘ └──────┘ └──────┘ └──────┘
```

581年 修建忻州的隋长城，《隋书·高祖纪》记载，隋朝开皇元年四月，"发稽胡修筑长城，二旬而罢"；同年十二月，再次下令沿北部边境"修保障，峻长城"。

585年 在朔方、灵武修筑长城，此次修建共征调丁夫3万余人。

586年 征调丁夫11万修筑长城。

587年 征调丁夫万余，开挖壕堑保卫洛阳。

607年 七月为炫耀武威，调发徭役丁夫百余万筑长城，西到榆林、东至浑河。

608年 三月征调丁夫25万筑长城，自榆林谷而东，此次修筑长城同样是为了炫耀武力。

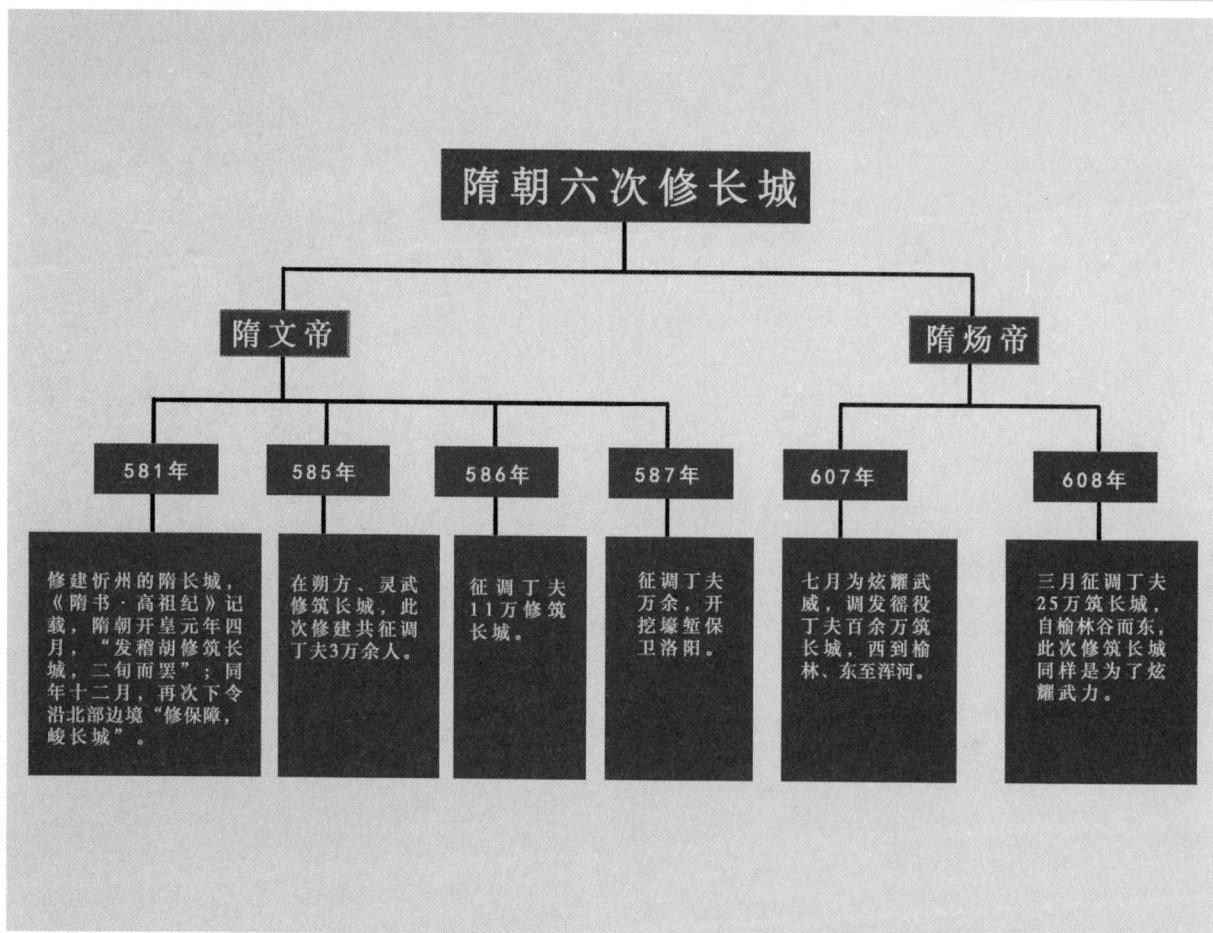

隋朝统治时间不长，但国家强盛，各方资源较为充足，所以修筑长城的次数和动用劳力都相对较多。但隋长城基本都是在前代长城旧址基础上，再加以修缮的。并且每次修筑实际作业时间都很短，大多时候都未超过1个月，整体修建的规模就比秦、汉长城小了很多。

为了防止来自漠北突厥的南下袭扰和掠夺，自隋建国之初，隋文帝杨坚就把修筑长城、巩固边防作为隋朝的国防重点。

据史料记载，隋文帝时期修筑了四次长城：第一次是修建忻州的隋长城。《隋书·高祖纪》记载，隋朝开皇元年（581）四月，"发稽胡修筑长城，二旬而罢"。同年十二月，再次下令沿北部边境"修保障，峻长城"。第二次是585年在朔方、灵武修筑长城，此次修建共征调丁夫3万余人。第三次修长城是586年征调丁夫11万修筑长城。第四次是587年征调丁夫万余，开挖壕堑保卫洛阳。

隋炀帝杨广时期修筑了两次，第一次是607年七月隋炀帝为炫耀武威，调发徭役丁夫百余万筑长城，西到榆林、东至浑河。第二次是608年三月，征调丁夫25万筑长城，自榆林谷而东，此次修筑长城同样是为了炫耀武力。

隋长城因为施工过快，导致长城整体修造质量差，墙体难以抵挡千年风雨侵蚀，加上浑河附近河道改变，自然灾害频发，所以隋长城留下的遗迹并不多，目前保存最好的是位于陕西省靖边县天赐湾镇的靖边段隋长城。

隋朝（581—618）是中国历史上承南北朝、下启唐朝的统一朝代，享国 37 年。589 年，隋统一中国，结束了自西晋末年以来中国长达近 300 年的分裂局面。当时周边国家皆深受隋朝文化与制度的影响。

隋长城遗址

618 年隋朝灭亡，唐朝建立，国力更加强大，但是唐代并没有大规模修筑过传统意义上的"拒胡长城"，这是为什么呢？

唐建立了完整的府兵制度，简单来说就是提前建立储备兵。农民不打仗时种地，需要打仗时按照唐律征调，且参与战争可减免徭役、赋税、丁税，在战争中立有军功还可获得爵位，所以士兵战斗积极性极高，战斗力空前强盛。唐兵擅长以少胜多，恶阳岭战役俘获颉利可汗之后，唐在与各民族的战斗中占据压倒性优势。

唐朝李氏家族里有着胡人的血统，自始至终都把草原与中原视为一体，唐朝历代君王也积极主张与周围少数民族的贵族通婚，李世民更是被草原部落奉为"天可汗"。

唐朝对于周边保卫主要采取节度使制度，每个"道"的节度使具有管辖地内的完整兵权，相当于各关隘分散在唐的边境线上，形成了完整的边防体系。且节度使大都是胡人，中原与草原的联系进一步加强。

唐朝对边疆和少数民族地区设置羁縻州进行有效管理。羁縻州既要接受中央与地方的监察，又要接受来自皇权的监察。羁縻州制度与节度使制度相结合，使得唐王朝对少数民族地区的控制力度空前强大。

虽然唐朝强大，没有修筑过传统意义上的"拒胡长城"，但唐代初期，为了统一战争其实也建过"唐长城"。《新唐书·地理志》载："东南八十里马岭有长城，自平城至于鲁口三百里，贞观之年废。"现遗址位于山西省榆社县。

2.7 宋长城

1998 年，学者们第一次发现并认定了宋长城的遗迹——山西省岢岚县境内的长城遗迹。这一发现填补了中国长城史上的空白，打破了传统学界宋代没有长城的认知。

自古以来，岢岚县扼守太原到雁北及蒙古高原和陕北的交通要道，北齐、隋、宋三个朝代都在此修筑长城，是保卫太原的重要屏障。

被发现的这段宋长城西起岢岚县青城山，东至与五寨县相连的荷叶坪山，共 10 余千米，部分长城在隋长城的基础上新筑而成。新筑墙体全由片石砌成，保存完好处高约 4.2 米，顶宽约 2.1 米，在县城东青丛坡上还发现了十分密集的石筑高台，这些高台与长城从内侧相连，底宽 3 米，台与台之间相隔 810 米。根据高台的布局形式，专家推断这些高台是炮台的遗迹，这一发现表明宋朝已经能够广泛使用火器了，对宋朝的历史研究有极为重要的意义。

宋朝（960—1279）是中国历史上承五代十国下启元朝的朝代，分北宋和南宋两个阶段，共历18帝，享国319年，是中国历史上商品经济、文化教育、科学创新高度繁荣的时代。

2.8 明长城

明朝历史大事件"长城大升级" ★★

明代修建的长城是目前保存最为完好的长城，平时我们口头说的"长城""万里长城"一般都是指明长城。它的修建主要是为了防御北方游牧民族的侵袭。

明朝建立之初，朱元璋将蒙古政权的鞑靼、瓦剌诸部等残余势力赶回了漠北。至明朝中叶，女真族

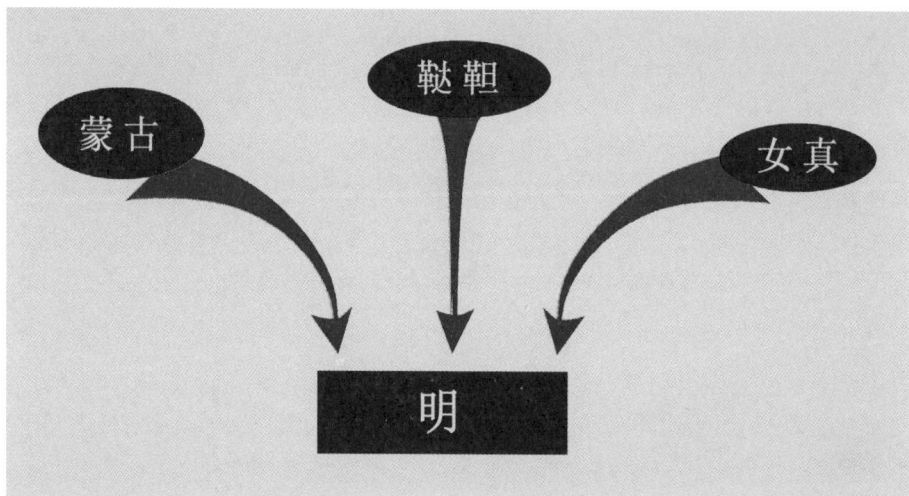

又在东北地区兴起，这些势力都不断威胁着北方边境的安全。

为了北部地区农牧业生产的安定、明朝政权的巩固，明统治的200多年时间中几乎没有停止过对长城的修筑。

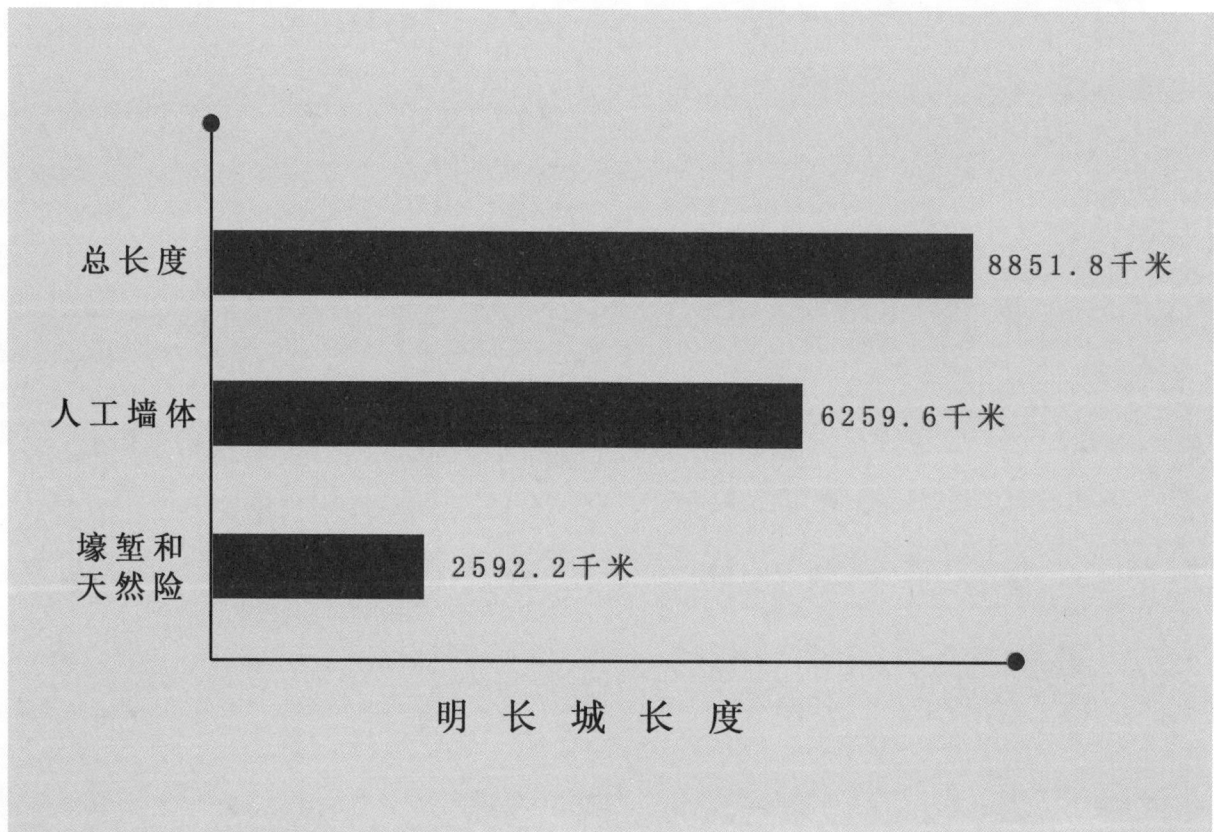

总长度	8851.8千米
人工墙体	6259.6千米
壕堑和天然险	2592.2千米

明 长 城 长 度

国家文物局和国家测绘局在经过近两年的调查与测量后，于2009年4月18日首次公布明长城具体数据。明长城东起鸭绿江畔辽宁虎山，西至甘肃嘉峪关，横贯今辽宁、河北、天津、北京、内蒙古、山西、陕西、宁夏、甘肃等9省、市、自治区。明长城的总长度为8851.8千米，其中，人工墙体长度为6259.6千米，壕堑和天然险长度为2592.2千米。

明朝（1368—1644），明太祖朱元璋建立。初期建都南京，传16帝，共计276年。明朝时期君主专制空前加强，多民族国家也进一步统一和巩固。明初废丞相、设立厂卫特务机构，加强了专制主义中央集权。

明长城是历朝历代中修筑时间最长、修筑工程量最大、修筑工艺水平最高的长城。总的来说明长城是之前长城的"升级版"。明代长城在防务布局上采取列镇屯兵，分区防守的方式，在修筑工程上采取分区、分片、分段包修的政策，整个防御体系运转有序，维护有方，所以也

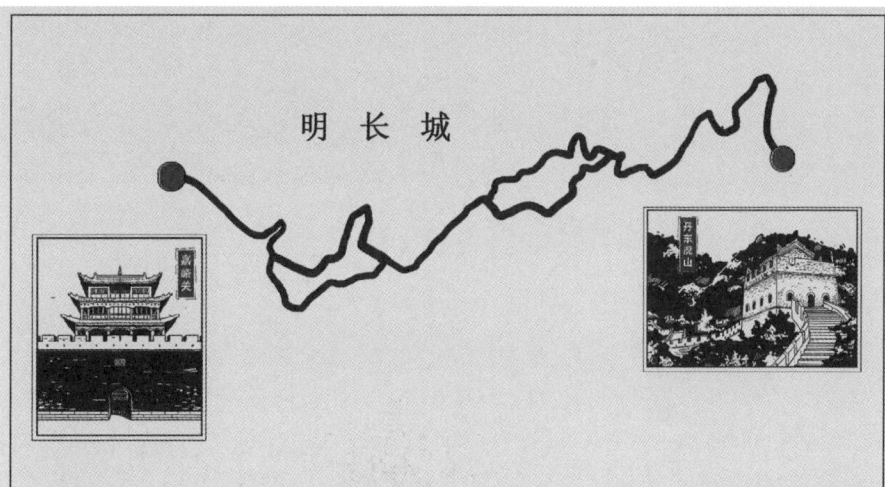

是我国最坚固的长城。修建明长城，不止是为了隔绝漠北大军，更是为了防御漠北游骑的侵扰，保证整个华北平原进行正常农业活动。

明代长城的修建过程，大体可以分为三个阶段：

明前期（1368—1447）：明朝开国之初，国势强盛，边境鲜有敌人来犯，所以对长城的工程以修缮为主。修缮的重点区域是北京西北至山西大同的外边长城和山海关至居庸关的沿边关隘。修缮工程的任务主要是在之前齐长城、隋长城的基础上，增建烟墩、烽堠、戍堡、壕堑等设施，将局部地段的土垣改成石墙，形成完整的防御体系。

明中叶（1448—1566）：明朝中期进行大规模兴筑，且持续时间较长。"土木堡之变"以后，瓦剌、鞑靼不断兴兵犯边骚扰掳掠，修筑北方长城，增建墩堡就成了当时明政府的紧急任务。在明中期的百余年间建成延绥镇、宁夏镇、固原镇、甘肃镇、大同、宣府镇、内蒙古鄂托克前旗、山西镇、蓟镇、辽东镇等长城重镇，形成连续不断的大规模防御战线。

明后期（1567—1620）：明朝后期，隆庆、万历之际，蒙古族俺答部向明王朝提出议和并互通贸易，北方边境迎来了春天，此时的边患主要来自东北的女真族。所以明后期修建长城的重点任务在重建和部分改线上。

明代长城的修建过程

明前期 （1368—1447）	明朝开国之初，国势强盛，边境鲜有敌人来犯，所以对长城的工程以修缮为主。修缮的重点区域是北京西北至山西大同的外边长城和山海关至居庸关的沿边关隘。修缮工程的任务主要是在之前齐长城、隋长城的基础上，增建烟墩、烽堠、戍堡、壕堑等设施，将局部地段的土垣改成石墙，形成完整的防御体系。"峻垣深壕，烽堠相接。"
明中叶 （1448—1566）	明朝中期进行大规模兴筑，且持续时间较长。"土木堡之变"以后，瓦剌、鞑靼不断兴兵犯边骚扰掳掠，修筑北方长城，增建墩堡就成了当时明政府的紧急任务。在明中期的百余年间建成延绥镇、宁夏镇、固原镇、甘肃镇、大同、宣府镇、内蒙古鄂托克前旗、山西镇、蓟镇、辽东镇等长城重镇，形成连续不断的大规模防御战线
明后期 （1567—1620）	明朝后期，隆庆、万历之际，蒙古族俺答部向明王朝提出议和并互通贸易，北方边境迎来了春天，此时的边患主要来自东北的女真族。所以明后期修建长城的重点任务在重建和部分改线上

明长城空心敌台

敌

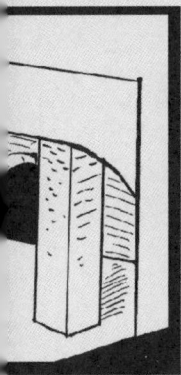

部

敌台，就是城墙上用于防御敌人的楼台，一般高出城墙之上，筑于连续墙体之中，数量众多、形式多样，是长城防御体系中不可或缺的部分。

敌台一般分为两种：实心敌台和空心敌台。实心敌台边缘不与城墙齐平，台上不修建射击用的窗口，只有可以登上台顶的步道。空心敌台两侧贯穿城墙，中间架空、四面开窗，守御士卒可以在台内部驻守并存放粮秣和兵器用于对抗敌军。

敌台内部

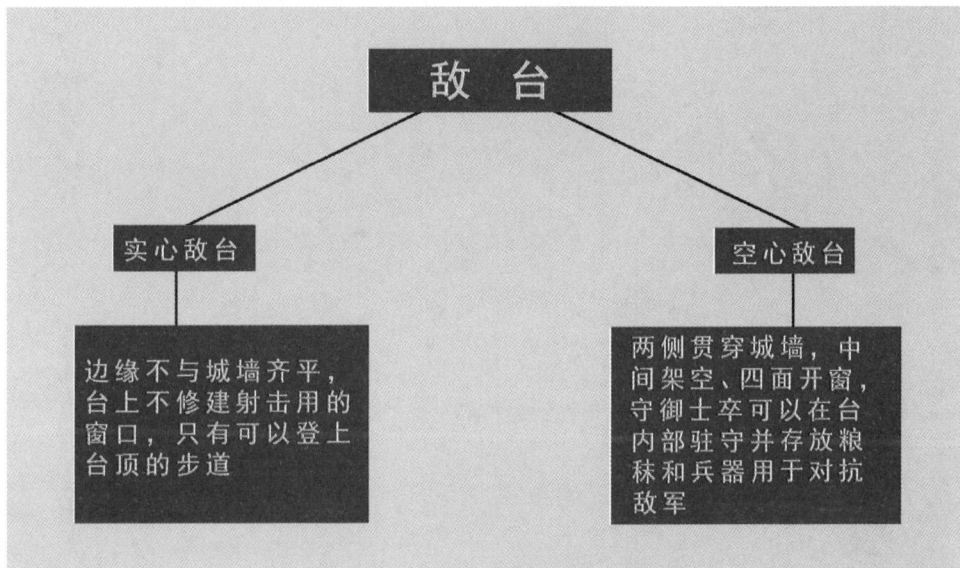

空心敌台由明朝抗倭名将戚继光所建，后"蓟辽总督"谭纶、刘应节等人督造砖石空心敌台 3000 余座，针对地势、重要程度、攻守难度等因素进行改良，形成了规模、形式各异的空心敌台。

秦长城及之前各个诸侯国长城，基本都是就地取材进行建造的，也就是利用泥土和石头，使用版筑法修建，其中齐长城也有只使用岩石垒成墙的长城段，但当时修筑长城的主要材料还是易得的泥和石。明代以前，大部分长城使用粗加工后的夯土作为主要建筑材料。明长城在使用夯土的基础上更增加了较规整的石砖作为建材，不管是实用性还是美观性都得到了极大提升。除了主要建筑材料，黏合剂也是所修筑长城是否能经受住风沙洗礼的一个关键材料。南北朝之前，工匠们修筑长城主要使用石灰浆作为黏合剂，石灰浆的强度不高且容易受潮；之后又尝试过使用蛤蜊壳的粉作为黏合剂，这种粉末的强度比石灰浆要高。南北朝时期，工匠们开始流行使用由石灰、黏土和沙子组成的"三合土"对建筑材料进行黏合，这种黏合剂相比之前所使用的强度更高，黏度更强。在这之后，工匠们又将糯米煮烂后的浆汁倒入三合土和匀，制成糯米灰浆。这种材料干透后，比纯粹用水混合的三合土灰浆强度更大、韧性更好，还具备优良的防水性能。

但是民以食为天，在当时的背景下满足口腹才是第一要务，全部使用糯米灰浆做砖块黏合剂成本较高，所以只在部分地段使用，这部分城墙历经 600 余年依然牢固。

烽火台

明代万里长城由墙体、台空、关堡、铺舍等多元结构组合，更有无数的烽火台，为长城的防御体系"连线"。在通信不发达的古代，烽火狼烟是传递敌情最快的方式。明代烽火台上设置专门负责传递消息的墩军，墩军在接到敌情后立即点燃烽火，下一座烽火台的墩军看见之后同样点燃烽火进行消息传递，依次下去，直到各个军镇和中央都收到敌情预警。戍守官军在接到预警信息后，根据敌情提前采取相应的防御措施，同时各军镇之间、军镇内各路之间都要进行策应、救援，形成完整的策应机制。

除了硬件基础的长城烽火台，明代还有独特的"世兵制"、九边重镇体系等软件措施，共同构成明代长城防御作战体系，在没有空战武器的古代，明代长城完全可以算得上是最完备的立体防御工程了。

佛郎机炮 ★

明朝对有着白色人种特征的葡萄牙人、西班牙人、荷兰人等外国人混称"佛郎机人"，当时由葡萄牙人传入中国的鹰炮也就顺势被命名为了"佛朗机炮"。

佛郎机炮是 15 世纪后期至 16 世纪初期欧洲的一种火炮，本名鹰炮，明代正德年间传入中国并被匠人改造，成为当时最强劲的热兵器。

佛郎机炮后膛装填，其弹膛和炮膛分离，安装在可自由旋转支架上，经改良后使用带炮弹壳的开花炮弹，且射速比其他炮快许多。

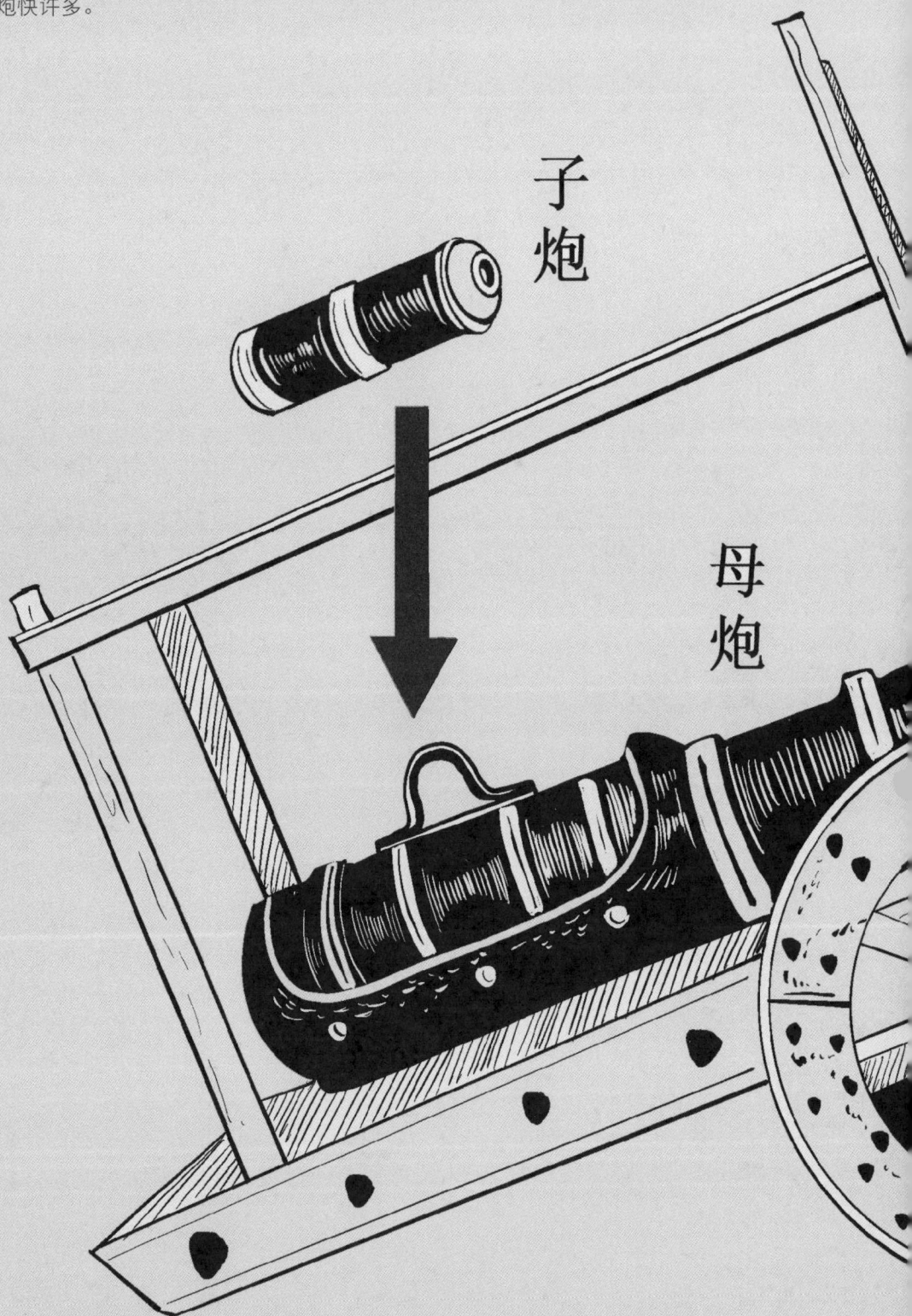

子炮

母炮

在万历朝鲜之役、宁夏之役、播州之役中，佛朗机炮都帮助明朝获得了战争胜利。

由于当时冶铁炼钢技术水平有限，初期射程较短，炸膛率较高。随着后期冶炼技术的提升，工匠们对佛朗机炮的运行原理进一步熟悉，再加上中国劳动人民的无穷创造力，天启年间制造出了"佛朗机炮升级版"——红夷大将军炮。

明长城不仅墙体雄伟坚实，长城上还修建大大小小近千座关隘，除了"内三关"——居庸关、紫荆关、倒马关和"外三关"——偏头关、宁武关、雁门关，还有著名的嘉峪关、山海关、玉门关、娘子关等关隘，更设置"九边重镇"——九座大型关隘，对防守御敌起到非常重要的作用。

关隘

边墙

一般来说，关隘的地址多选择在古今通衢大道上，但明长城上一些关隘的选址十分巧妙，比如河北境内250余座大小关口，大部分都选择在河口之处修建关隘，有效地防御了沿河道两侧犯边入侵的北人。

另外还有以山海关为代表的选址及其精妙的关隘。山海关关城一端与长城相接，另一端伸入大海，不但形势险要，关城前后还有瓮城和罗城，其防御线有南北水关、南北翼城、宁海城、威远城、旱门关、角山关、九门口等关隘烽堠，以山海关关城为中心构成了一套有机的防御体系。

九边重镇 ★

明长城经过200多年的修筑,最终才形成贯穿东西、全线连接的完整长城防御体系。为了管理并完善这一体系,从明初开始便设置了"九边重镇"的特殊防护格局。

九边重镇指的是明初时期将长城从西向东为分九段管理,称作九边(边墙),又按照九个段落形成九个防守区,称为九镇。嘉靖二十一年,《皇明九边考》称其为"九边重镇"。

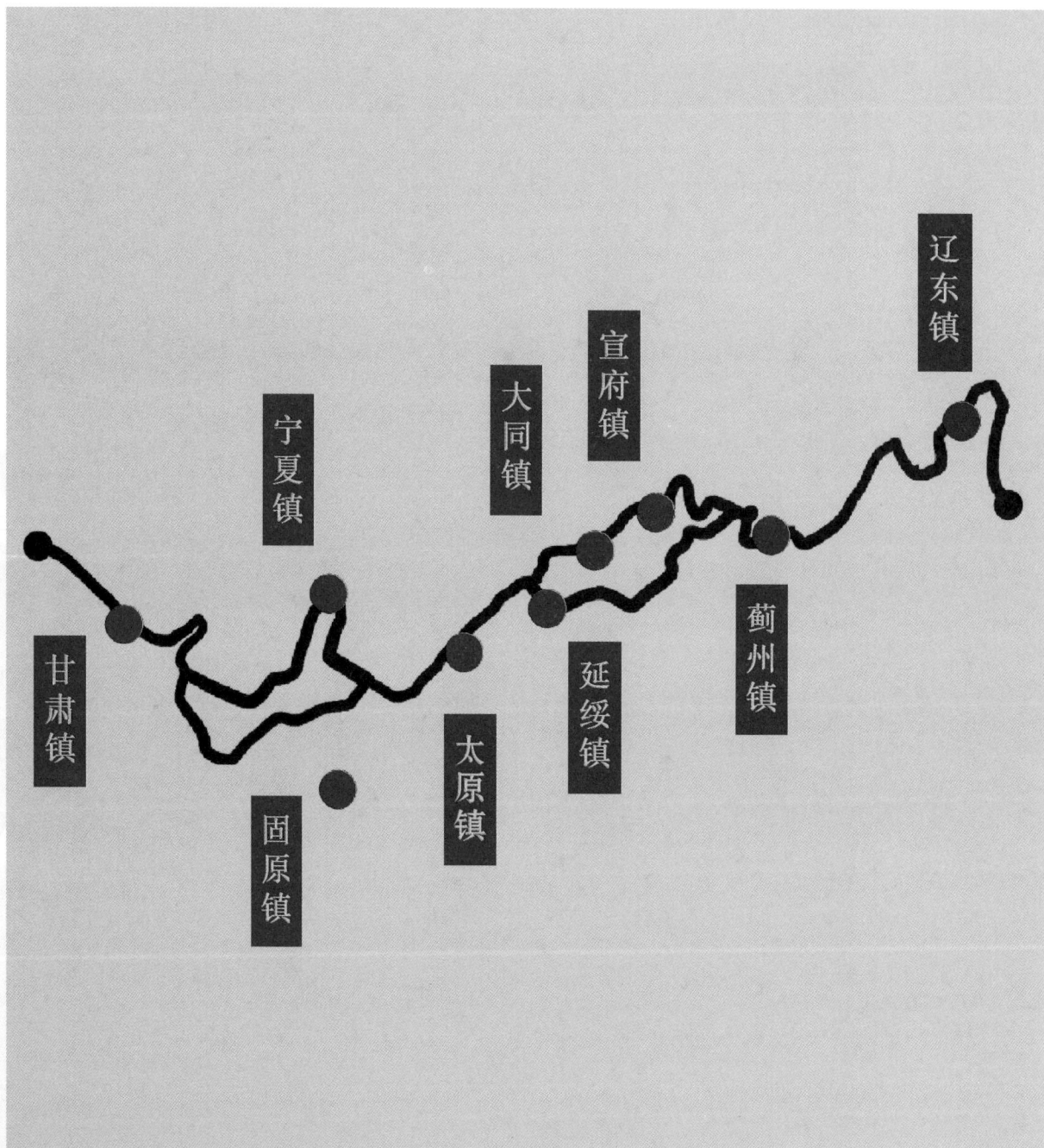

九镇指的是辽东镇、蓟州镇、宣府镇、大同镇、太原镇(也称三关镇)、延绥镇(也称榆林镇)、宁夏镇、固原镇(也称陕西镇)、甘肃镇九个边防重镇。各个镇设置长官,负责管辖所负责地段长城墙体、烽火台、城堡、屯兵所、镇城等几乎所有部分的守卫和修缮工作。

防御单位组织机构表

防御单位	官名	驻地	辖区和职权	驻兵人数
镇	镇守总兵（副职称协手副总兵）	镇城	总掌防区内的战守行动	据实际情况而定
	总兵	镇城	协助主将策应本镇及临镇的防御	城内驻兵3000人
	分守副总兵	重要城堡	某一紧要地段的防务	
路	参将	重要城堡	管辖本路诸城堡驻军和本路地段防御	2个卫12000余人
卫	守备	卫城	管辖本卫城堡驻军和本路地段防御	5600人
千户所	千总	所城	管辖本所城堡驻军和本路地段防御	1120人
百户所	百总（把总）	堡城	管辖本城堡驻军和本路地段防御	112人
总旗	总旗官	该堡城	受百户所调遣	50余人
小旗		该堡城	受总旗调遣	十几人

辽东镇管辖的长城东起丹东市宽甸满族自治县虎山南麓的鸭绿江畔，西至山海关北锥子山，全长970余千米。总兵初驻扎在广宁，隆庆后冬季驻扎在东宁卫。

蓟州镇管辖的长城东起山海关，西至慕田峪，全长880余千米。总兵初驻扎桃林口，后移迁安寺子峪，天顺年又移三屯营。

宣府镇管辖的长城东起慕田峪渤海所和四海治所分界处，西至西阳河，全长510多千米。总兵驻扎在宣府卫。

大同镇管辖的长城东起镇口台，西至鸦角山，全长330多千米。总兵驻扎在大同府内。

太原镇管辖的长城西起河曲的黄河岸边，东至太行山岭之真保镇长城，称为内长城，全长800多千米。线内包含偏关、老营堡、宁武关、雁门关、平型关等著名关口。总兵初驻偏头关，后移驻宁武所。

延绥镇管辖长城分为一条大边墙、两条小边墙。大边墙东起黄甫川堡，西至花马池，全长880多千米，两条小边墙东起黄河西岸，西至宁边营与大边墙相接。总兵初驻绥德州，成化以后移治榆林卫。

宁夏镇管辖长城东起花马池，西至宁夏中卫喜鹊沟黄河北岸，全长约1000千米。总兵驻宁夏卫。

固原镇管辖长城东起延绥镇饶阳水堡西界，西达兰州、临洮，全长约500千米。明朝后期此段长城改线重建，西北抵红水堡西境与甘肃镇松山新边分界。总兵驻固原州。

甘肃镇管辖长城东南起自今兰州黄河北岸，西北至嘉峪关讨赖河一带，全长约800千米。总兵驻甘州卫。

但九边重镇并不是贯穿整个明朝统治时期的长城管理制度。明中期明世宗时期，为了加强对首都的防护，新增昌平镇和真保镇，九边重镇就扩展为九边十一镇。明中后期明神宗万历年间，又从固原镇分出了林兆镇，从蓟州镇分出了山海镇，九边十一镇再次扩展为九边十三镇。

长城的城堡是长城军事防御体系中重要的组成部分，大多修建在关隘里，可以屯兵屯粮，一般是关隘的后方支援型建筑，发挥军需后勤作用。城堡按照用途可分为军屯、民屯、米粮屯等种类，按照修建位置可分为关城堡、营城堡等。

随着时间的流逝，许多城堡已不见踪迹，其中一部分消失在了风沙侵蚀之中，还有一部分城堡一直有人居住植筋，慢慢淡化成了村落的形式。

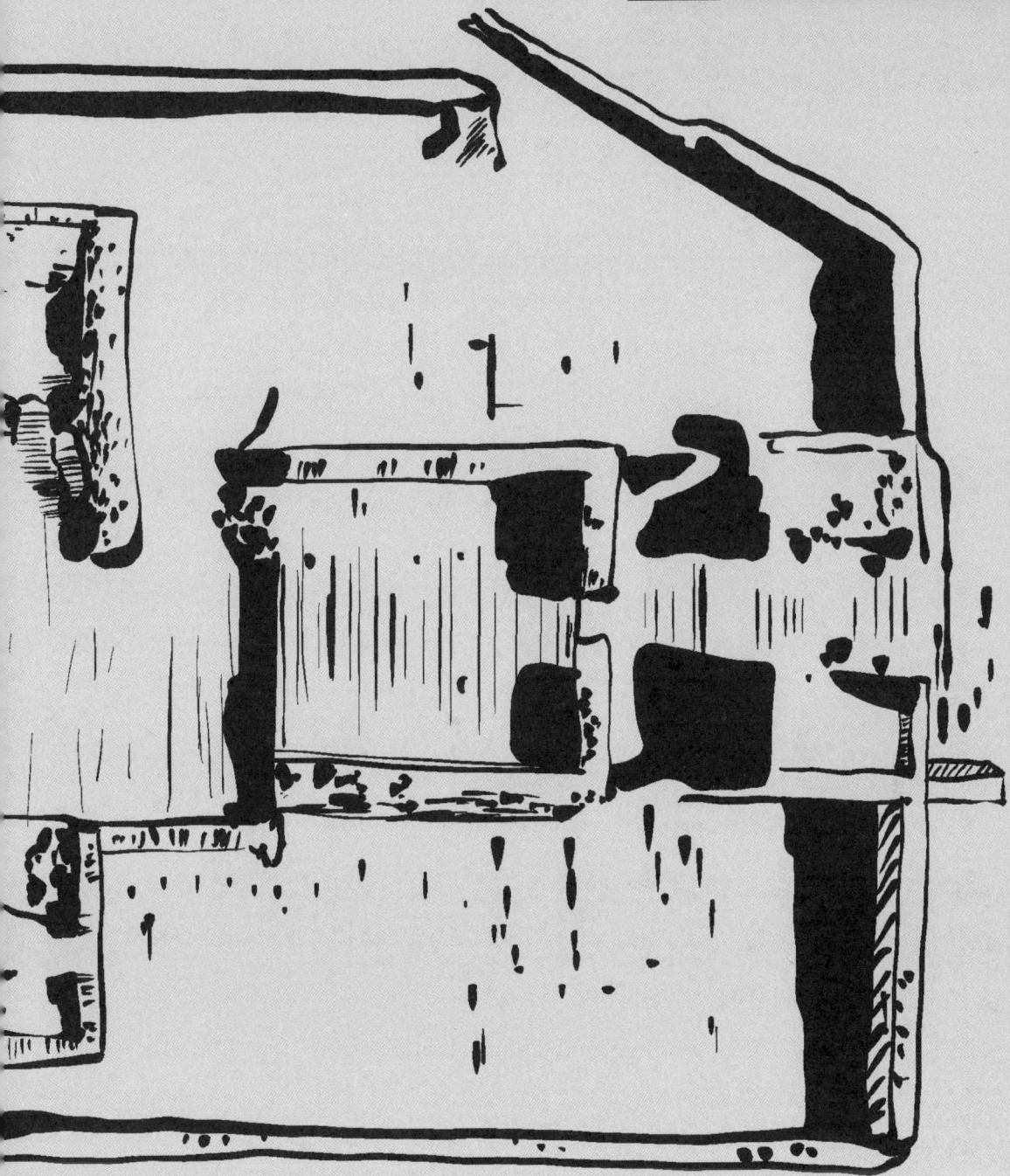

清平堡

还有一小部分城堡被较完整地保留下来，将属于长城的原本风貌展现在我们眼前。清平堡就是其中之一。
清平堡是罕有的保存大部分原貌的明代长城城堡，位于陕西省榆林市靖边县杨桥畔镇东门沟村，始建于明成化年间。
清平堡现存遗址处于毛乌素沙漠范围内，南北长约 600 米，东西长约 300 米，平面来看大致呈长方形。康熙时期平定噶尔丹之后将这里废弃，随后沙漠迅速覆盖掩埋了城堡，直到 2021 年才被发掘出来。

吊桥

护城河

护城河又叫作濠、壕沟等，是古代为了防守在建筑外围人工挖掘而成的河，一般建造在整座城、皇宫、寺院等主要建筑周围，不仅能够防御敌军，在某些地段还有效防御了猛兽的入侵，体现古人在防御手段上对水的妙用。

护城河中的水一般是引入周边河水，设置水门，不定时更换水源以保证水的干净。这一注水方式也注定护城河的修造成本高昂，且受周边水域位置影响较大。在古代，只有最重要的关隘、城镇、都城附近，才会耗费大量人力、物力去修建护城河。

重要道路经过护城河时一般会设置吊桥，平时便于百姓的日常出行，战争时可破坏吊桥以切断敌军进攻的道路。

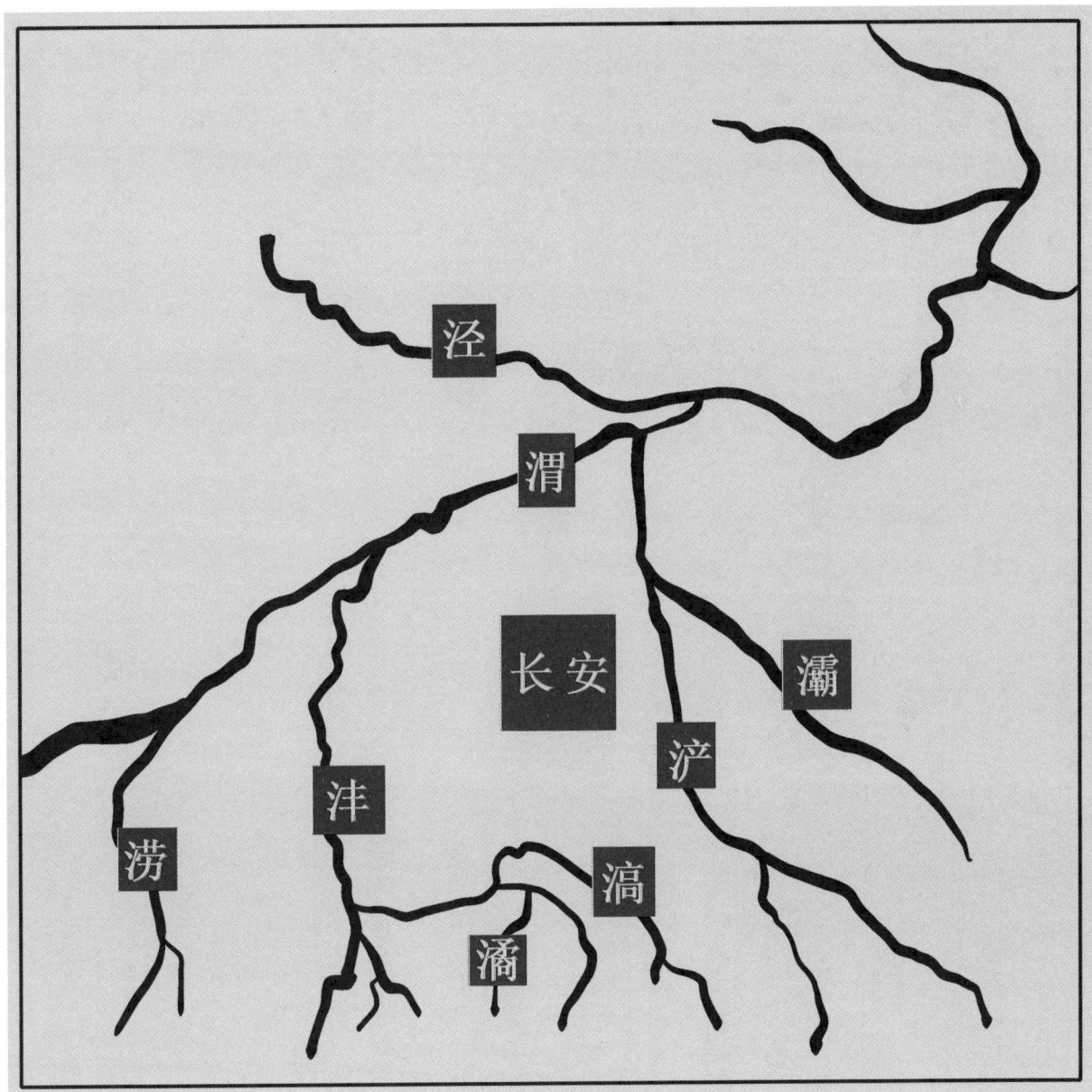

西汉文学家司马相如在著名的《上林赋》中描写道，"荡荡乎八川分流，相背而异态。"这是描写的围绕古都长安的渭、泾、沣、涝、潏、滈、浐、灞八条河流。"八水绕长安"的说法开始流传。

这八条河不仅为当时长安城内居民提供生活水源、灌溉水源，也是水路交通渠道，更是护城河的活水来源。

秦始皇曾下令开挖兰池引渭河水以供使用，这是目前已知中国较早的大型城市供水工程。

长安的护城河，建于明洪武七年到十一年，有600多年的历史，在阻止军事进攻、固守城防等方面发挥了重要作用。

长城的修筑不仅为了防御，同时，接连不断的城墙也是连通各地区的重要通道。城墙上设置马道、步道，战时有利于详细军事信息的快速传递、后勤物资的及时运输，休战时则方便日常修缮维护。

长城上的马道不止是为了让马匹快速通过，在运送滚木、火油、粮食等战略或生活物资时也多走此道。另外，设置马道有利于驻扎的士兵能够巡视到境外更广的范围。

长城马道分为两种，一种是长城内侧城墙顶上的步道，以供士卒马匹行走；一种是便于士兵登城墙、下城墙的阶梯，多用大石块垒成，马匹也可轻松上下。

城门指城楼下的通道，是"城"的标志，也是城唯一的官方出入通道。长城上的城门多到无法计数，大多设置于关隘中便于通行。城门不只是物理上的门，隔绝敌对势力，也是精神上的门，各方文化交流的突破口。

光是南京境内的明长城就有"内十三和外十八座城门"。外十八门包括：麒麟门、仙鹤门、姚坊门、观音门、佛宁门、上元门、沧波门、高桥门、上方门、夹岗门、双桥门、栅栏门、凤台门、大小安德门、大小驯象门、江东门。这十八座外城门目前大多已不存在。

十三座内成门包括了朝阳门、正阳门、通济门、聚宝门、三山门、石城门、清凉门、定淮门、仪凤门、钟阜门、金川门、神策门、太平门。这些城门有些改换了名字，有些经次修缮，但大都被保留了下来。

南京明城墙

正阳门

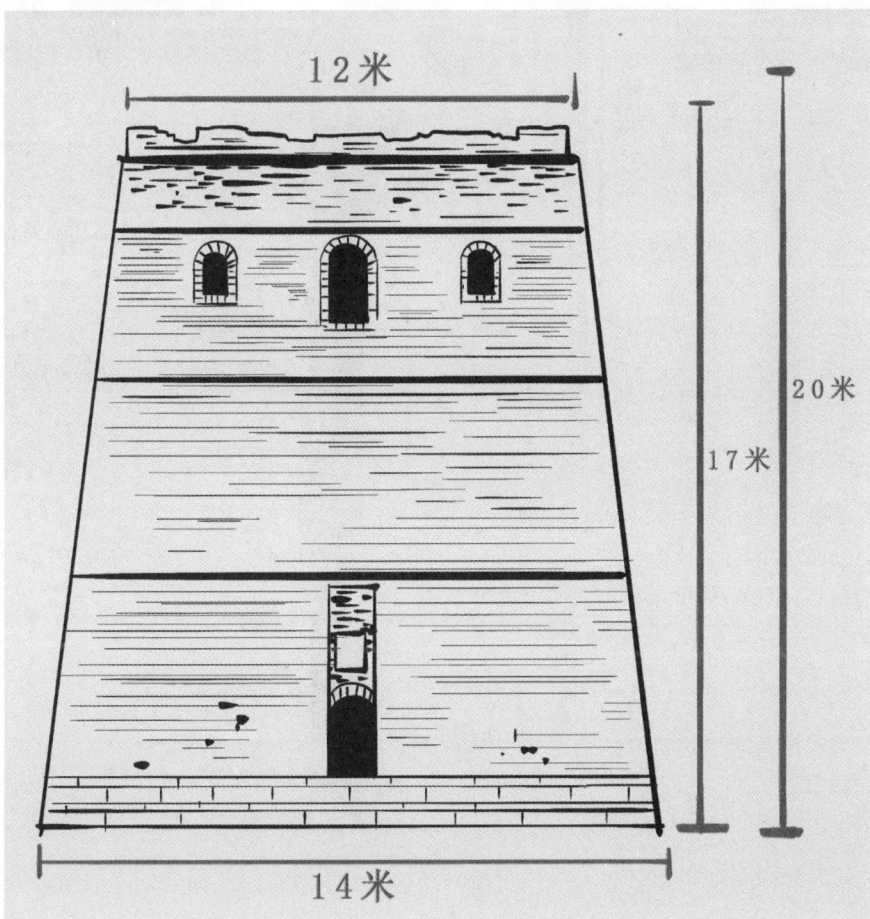

12米

14米

17米

20米

箭楼，顾名思义就是战争时用来射箭或其他武器射击的楼。大多建于城门之上、城楼后方，能够与城墙围合的口袋型地势，有利于被动防御时对敌方进行围杀。箭楼一般在建筑较高处开凿窗口，加长射程的同时最大限度地保护了士兵的生命安全。

箭楼在长城整个防御体系中占据重要地位，有些关隘也会单独修筑一座完整的箭楼，例如明长城左云段的摩天岭长城，箭楼独有是这段长城的一大特点。山海关对箭楼的修筑也十分重视，关隘东门"镇东楼"被称为"天下第一关箭楼"。

瓮城是在城门外口加筑的小城，特殊情况下也有修筑在城门内的，瓮城城墙高度与大城相同，形状多为圆形，圆者似瓮，故称瓮城；少数使用方形，亦称方城。

瓮城的主要作用是加强城堡或关隘的防守。瓮城两侧与城墙连在一起，设有门闸、雉堞等防御设施，当敌人攻入瓮城时，如果将主城城门和瓮城城门同时关闭，驻守士兵即可"瓮中捉鳖"。瓮城城门通常与其所保护的地区城门不在同一直线上，目的是防止地方使用攻城槌等武器进攻。

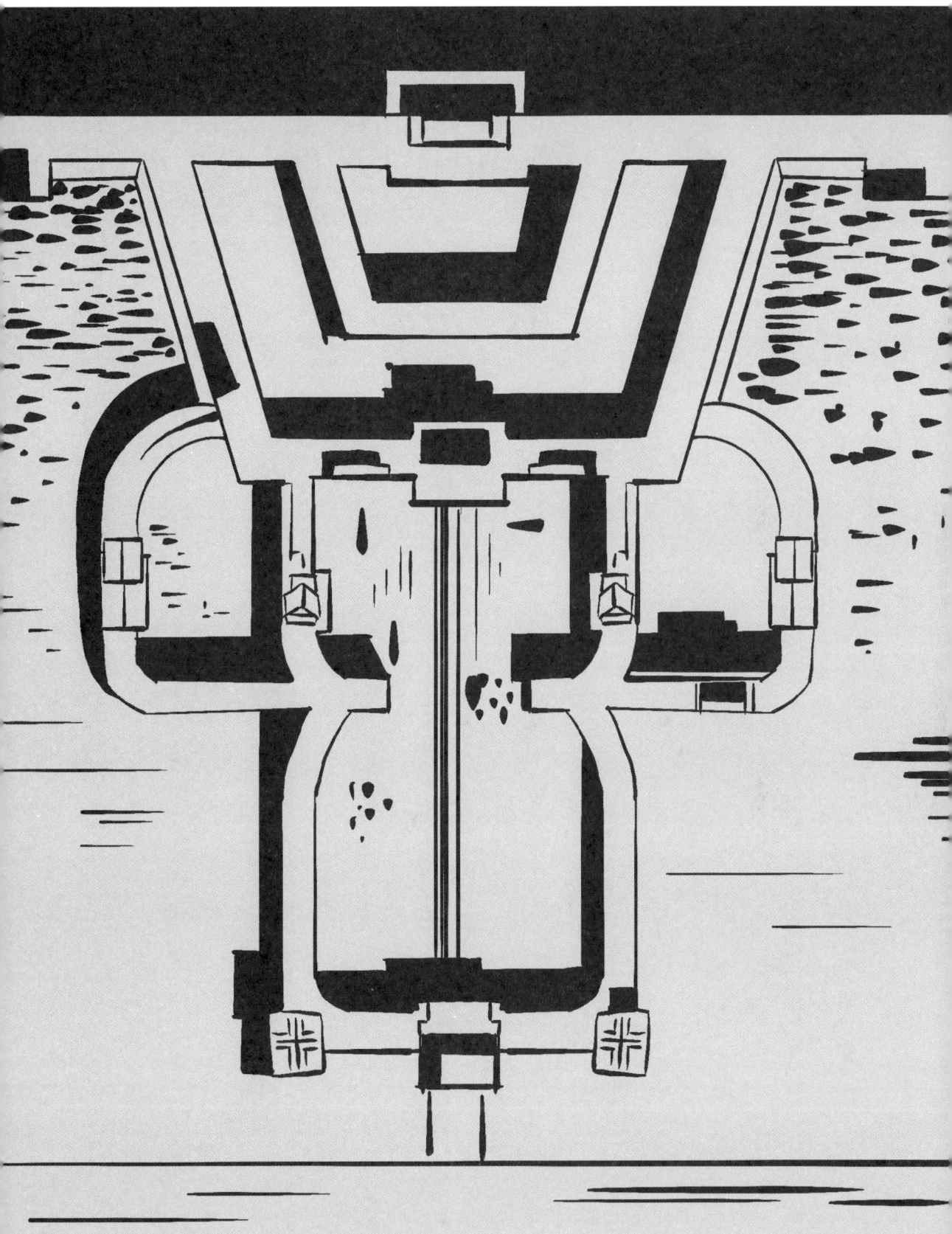

现在世界上保存最完好、规模最大、结构最复杂的瓮城是南京明城墙的内城南门聚宝门。

烽火台

佛朗机炮

糯米、石砖

嘉峪关

宁夏镇

甘肃镇

太原镇

固原镇

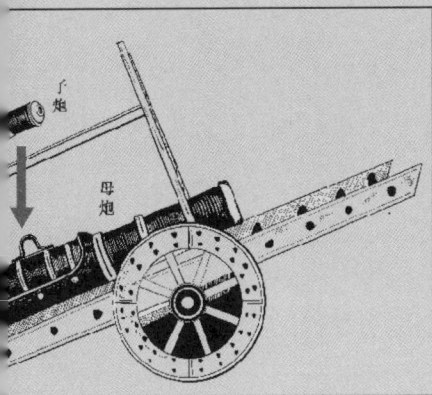

子炮

母炮

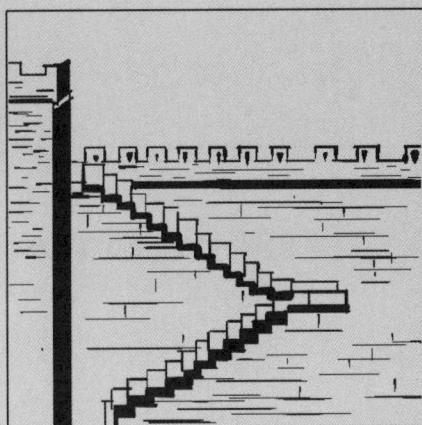

马道

辽东镇

宣府镇

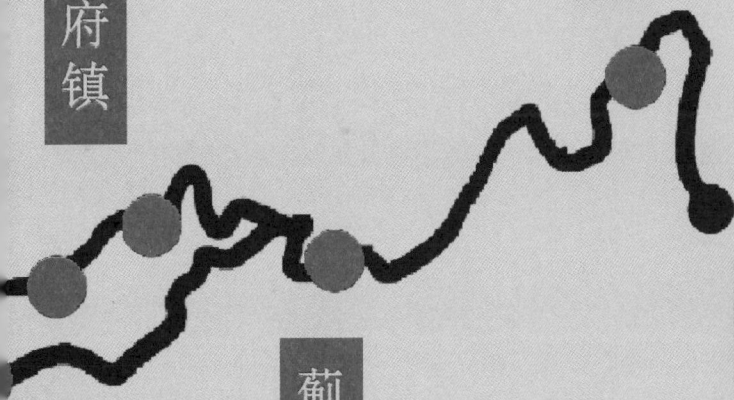

蓟州镇

延绥镇

丹东虎山

正阳门

一些脍炙人口的故事传说、冷门的小知识都给长城增添了亲民的色彩。

长城的秘密与故事可远不止这些，其余的历史知识还等着我们继续追寻与探索。

第三章 ★ 揭秘长城：长城知识大百科

3.1 长城的冷知识

长城从来不缺这些有趣的冷知识，每多了解一个，你就能多一些收获。

那么多段长城，为什么八达岭长城最有名？ ★

历史悠久：八达岭长城始建于战国时期，历朝历代加以修缮扩建，属于我国长城中历史最为悠久的一段。

位置险要：八达岭长城是居庸关长城的防御前哨，北往延庆、赤城、蒙古；西至张家口、怀来、宣化、大同；东到永宁、四海；南去昌平、北京等地区。它四通八达，是古代重要的交通要道。又有"玉关天堑""京北第一屏障""居庸之险不在关而在八达岭"等称誉。

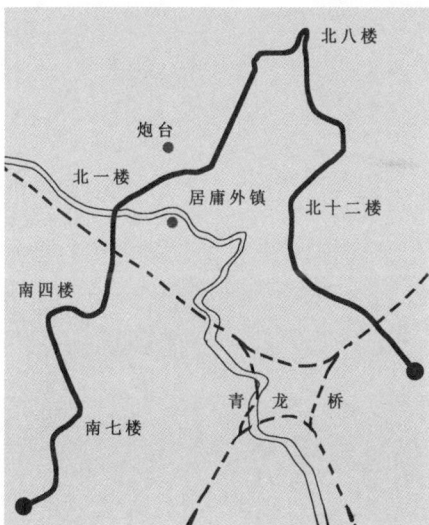

深入开发：1972 年，尼克松访华时将八达岭长城列入游览计划，八达岭长城在当时得到了修缮，更是远远领先其他长城段的开发进程，成为明长城最早向游人开放的地段。八达岭长城全长共 650 多千米，其中开放游览的长城地段长度为 3 741 米。以八达岭长城为主要景点，围绕长城又修建了球幕影院、长城博物馆、八达岭饭店等现代化旅游服务设施，此做法极大提高了八达岭长城的知名度。

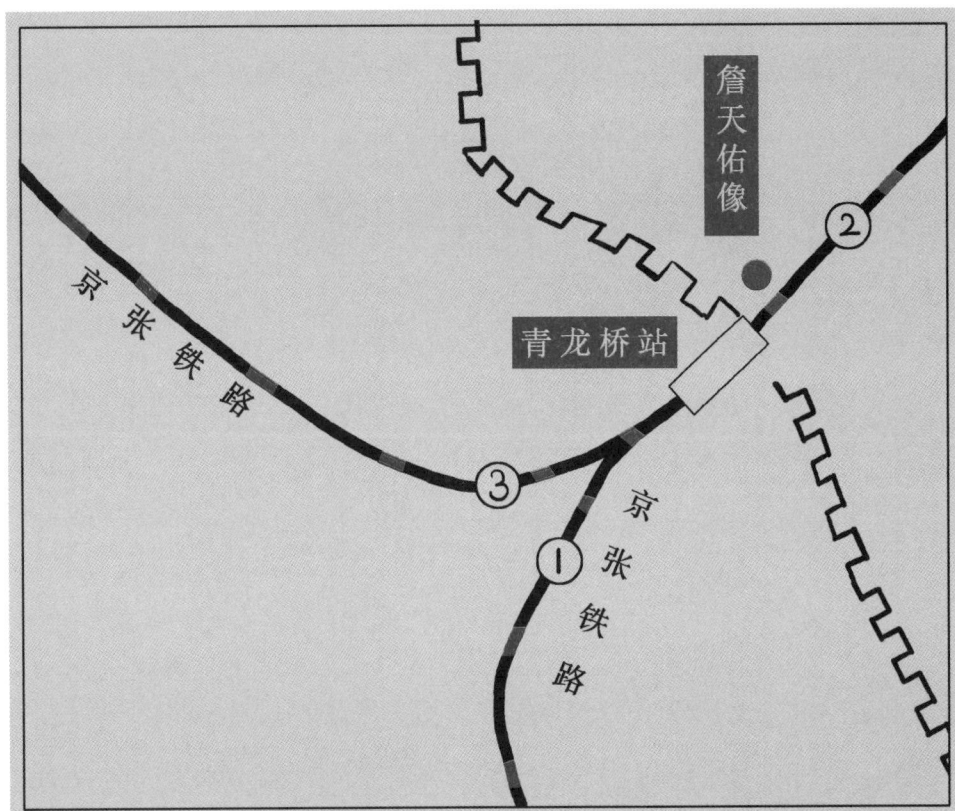

詹天佑像

青龙桥站

京张铁路

京张铁路

名人效应：八达岭长城由抗倭名将戚继光亲自督建并建设防务体系；李自成自八达岭长城进入攻陷北京；中国铁路工程师詹天佑，在八达岭长城脚下主持修建了中国自主建造的第一条铁路——京张铁路；慈禧西逃泪洒八达岭；有包括500多位国家元首、政府首脑登临过八达岭长城……

神话传说：八达岭长城有"张果老修拐脊楼""仙女点金砖""东米仓，西米仓""八大岭""仙人传授修城八法"等众多历史神话传说，也流传着"十口金镢露着祥，十口金锅露着沿，百样草药到处见"歌谣，它们都为此段长城增添了许多神秘色彩。

总的来说八达岭长城名气大的原因除了自身历史文化底蕴丰厚、保存完整、距离首都北京较近以外，同样重要的还有它开发、宣传早，得以深入人心。

为什么不到长城非好汉？ ★

"不到长城非好汉"出自毛泽东 1935 年在翻越六盘山时，有感而发的一首词《清平乐·六盘山》。

《清平乐·六盘山》

天高云淡，望断南飞雁。不到长城非好汉，屈指行程二万。

六盘山上高峰，红旗漫卷西风。今日长缨在手，何时缚住苍龙？

词中的"长城"指的不仅是我国古代长城，更意指长征的终点陕甘宁革命根据地——抗日前线，以此借指自古以来我们中华民族抵抗外来侵略时表现出的勇敢决心、众志成城。好汉也更有深意地指向取得二万五千里长征胜利的革命英雄和不畏艰险、不怕牺牲的全体中国人民。

结合当时的时代背景，一句"不到长城非好汉"就像是一句叹服，感叹当时毛主席及其倡导的抗日民族统一战线彻底抗击侵略者的坚定决心。

不到长城非好汉，不是说只有登上长城的人才是英雄，而是在强调人为达成目的不畏艰难的民族精神——每一个克服困难勇于抗争的人都是"好汉"。

鹤顶红也能建长城？细数长城之最！ ★

最早修筑长城的是西周时期，而后历朝历代几乎都有修建，"超长待机"逾200多年。

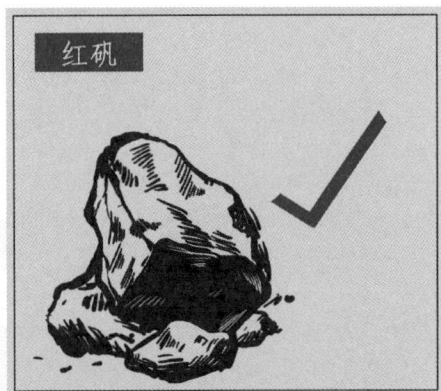

红矾 ✓

丹顶鹤 ✗

长城修建中使用的最"毒"的材料是鹤顶红。某些地段匠人们在使用糯米灰浆进行黏合砌造后，会在表面泼洒鹤顶红以避免虫噬。

所有长城关隘中离大海最近的是山海关，关隘一边直接接入海里，在山城、海上和关城上都有城墙。

接待世界各国元首、政府首脑最多的长城景区是八达岭长城。

秦朝是修筑长城动用最多人数的朝代，秦始皇征调了近百万劳动力修筑长城，总占全国人口的 1/20 左右。

神奇的文字砖 ★

各种文字的文字砖

现在人们在游览长城时如果在长城砖上刻字，会遭万人唾骂。但在修建时长城是可以刻字的。为了将建造长城的施工责任精确到每个人身上，修筑长城的工人须把年号和建造处的名字刻到砖上，一旦出现问题就会迅速追责到个人。

不过之前刻到砖上的，不止有官方所要求的信息，还有工人们的"私事"。1976年，在亳县城南郊元宝坑发现的一处大型东汉墓葬中，学者们发现了大量刻满汉字的石砖。在石砖上，工人们不仅雕刻记录下了自己被迫修筑长城的日常生活，还留下了仇恨情绪，还有工人在砖上刻"人谓壁作乐，作壁正独苦，却来却行壁，反是怒皇天。"

这些文字砖反映了当时社会的真实状况，为学者研究各朝代历史提供了事实依据。

在太空中用肉眼能看见长城吗？ ★

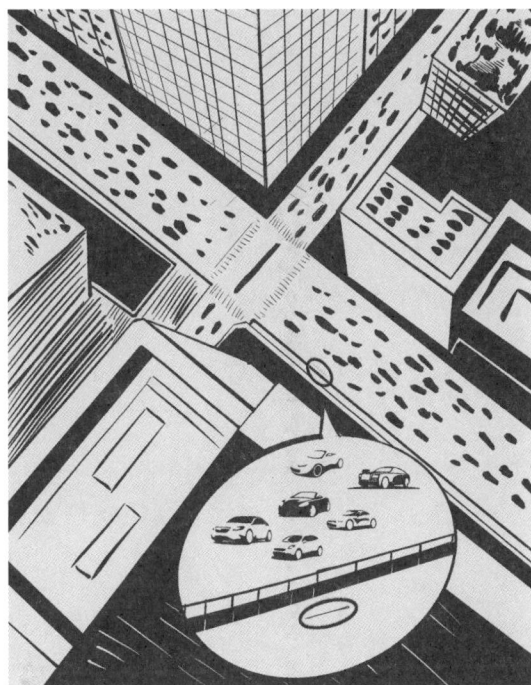

不知道从什么时候起，有一条流言盛行：当宇航员从宇宙俯瞰地球时，能够看到一条透明的"丝带"，那就是中国的长城。

在太空中到底能不能通过肉眼看见长城呢？这个问题受到很多不确定因素的影响。

人眼的视角和分辨率都有限，长城虽然长度很长，但整个建筑的平均宽度不到 10 米，且很容易融进周围的地形背景。要肉眼从太空中看见长城，就像从摩天大楼顶部看地上的一条缝衣线一样艰难。

部分美国宇航员认为，由于长城建在山脊上，天气晴朗且太阳角度较低时，长城会出现长长的影子，增加了长城的"宽度"。在影子的帮助下，从太空有可能用肉眼看到长城。

太空是一个非常巨大的空间概念，我们能否用肉眼看见长城还会受到观察位置的影响。在近地空间和远地空间同时观察地球上的长城，也可能得出不同的结果。

而借助现代望远镜等高新设备，从太空中能够"看"见长城已经是一个肯定的答案。

由于长城的主要作用是防止敌军攻入城内，所以当朝修建长城时对其坚固度要求非常高。秦朝修筑长城所用的城砖一块重达 30 斤，且需要经过测试保证每一块砖都足够坚固后才能投入使用。所以，现在我们看到的长城砖块依然完整，鲜有因为风化而破裂的。

砖块之间使用的黏合剂是保证长城屹立千年的一个重要因素。先秦长城基本使用夯土筑城，泥土就是黏合剂，之后多用黄泥浆充当黏合材料。宋代以后开始使用石灰浆、贝壳粉等材料作为黏合剂，城墙已经具有较高强度。明代许多长城段使用糯米灰浆进行黏合，这种材料极大地增加了长城的牢固度。

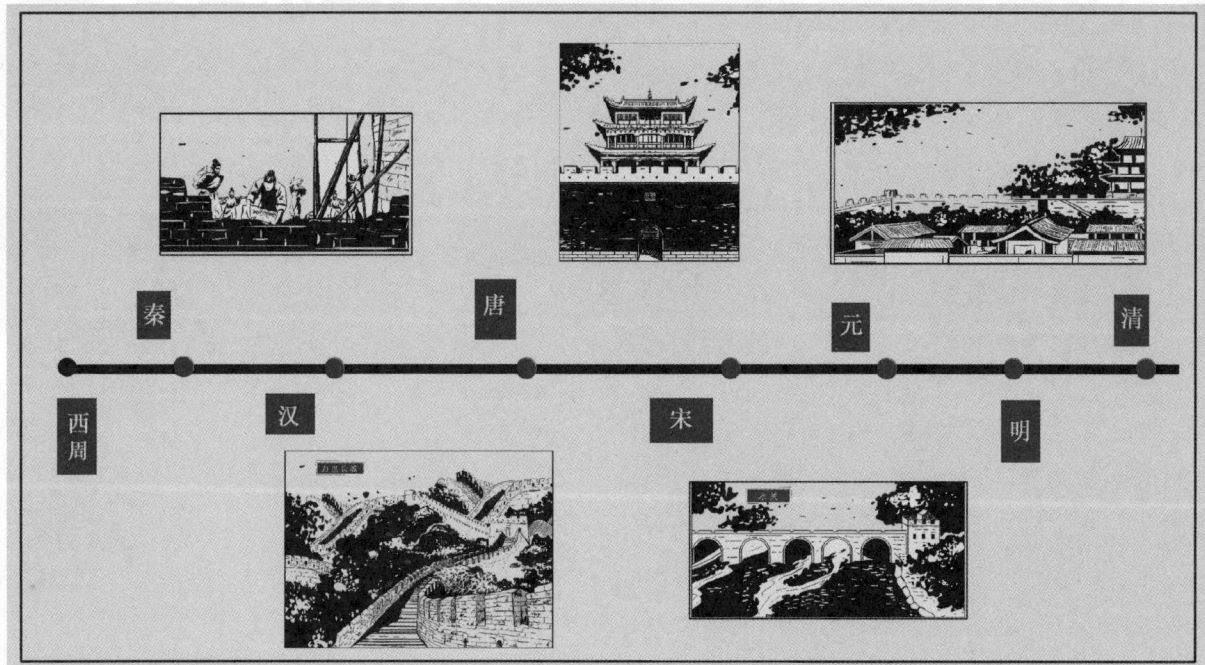

从西周开始往后的两百多年里，由于长城一直在使用，几乎所有朝代都保持着对长城的维护和修筑，长城的规模在不断扩大的同时也在被不断翻新，它始终保持着屹立的姿态。

不论政权更迭，还是外敌入侵，中华民族的传承从未断代。长城的存在保障了中华民族的延续，而民族的发展加速了长城的修建，二者相互依存，只要中华民族还在发展，长城就会屹立在中国的土地上。

对于我们来说，长城不仅是中国古代的防御建筑工程，更是中华民族精神的象征、集体意志的体现。

3.2 长城的传说

围绕长城流传着很多民俗传说，它们是人民对美好生活的向往与对问题的反思，是口口相传的精神财富。

击石燕鸣 ★

相传古时有一对燕子生活在嘉峪关柔远门内，这对燕子夫妻情深似海，每天形影不离。某日，他们飞出关外觅食、嬉戏，日暮时分双双往关内飞回。雌燕飞在前面进入了关城，雄燕飞的稍微慢一些，到达时关门已闭，任何人和动物都不能入关。雄燕十分绝望，发出长长的悲鸣后触墙而死。为此，雌燕悲痛欲绝，啾啾悲鸣到死。雌燕死后的灵魂也不愿离去，每当有人使用石块敲击城墙或者城门，就会发出"啾啾"的燕鸣声，向敲击的人倾诉自己的悲伤。

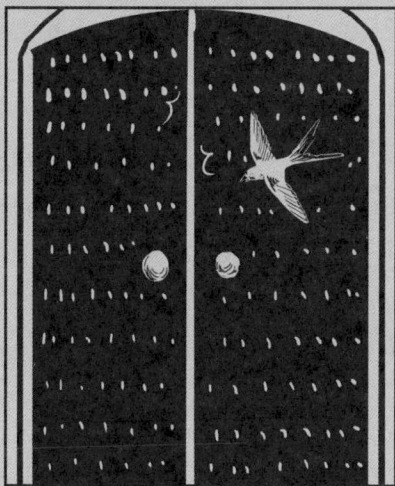

随着时间的推移，人们渐渐忘记原本的故事，只听见啾啾燕鸣。古代，人们把燕鸣声视为吉祥的代表，所以在将军出关征战时，其家眷就用石块敲击墙壁听取燕鸣声，以祈祝凯旋归来。

孟姜女哭长城 ★

秦始皇紧急征发八十万人力修筑长城，官府只能到处抓人去充当民工。书生范杞梁和美貌的孟姜女正值新婚，但是举办婚礼还不到三天，范杞梁就被强行抓去修长城服徭役了。孟姜女非常伤心，日夜以泪洗面，苦苦等待丈夫归来。可是半年过去却一点消息都没有，孟姜女也哭得越来越厉害了。

孟姜女哭长城

天气逐渐转冷，她担心丈夫在长城脚下受冻，于是亲手缝制了寒衣去寻找范杞梁，独自一人历尽艰苦，终于到达长城脚下，却被告知丈夫已经过劳而死，尸骨被埋进了长城，早就寻不到了。听到这个令人心碎的消息，孟姜女无力支撑疲惫的身体，哭得昏了过去。醒后，她便一直哭泣，不知道哭了多久，长城"轰"的一声倒塌下一截，露出范杞梁的尸骨，可怜书生这才得以下葬。

孟姜女的传说传遍全国，故事版本和结局也各有不同，有滴血寻骨的、有孟姜女被始皇帝看中逼婚最后愤然投海的、有根据"杞梁妻拒齐庄公郊外吊唁"历史真实故事改编的……各个版本虽故事不尽相同，但都是在歌颂忠贞的爱情，以及对封建社会繁重徭役和剥削的控诉。

从金山岭长城沙岭口往东走 100 多米，可以看到一座敌楼——黑楼。

相传当段长城修建时征调了许多人力，一位因为皮肤黝黑而被叫作黑姑的姑娘因为放心不下年迈的父亲，也加入了修筑长城的队伍。黑姑平善近人且非常勤劳，朝夕劳作，从不抱怨，用自身的魅力为戍边士卒带来一缕清风。

黑姑所处的小队正在修筑一座砖木结构的敌楼，眼看即将竣工，却突然被雷电击中，霎时间燃起熊熊大火。为了尽快扑灭大火，减少损失，黑姑奋不顾身地冲进敌楼救火，却不幸遇难。将士们十分难过，为了纪念黑姑，他们将黑姑的尸体埋葬在原本的敌楼之下，又在原地重修了一座敌楼，为避免再次起火，新修的建筑使用砖石结构。战士们将这座敌楼取名"黑姑楼"，也就是我们现在所看见的"黑楼"。

巨石的不解谜团 ★

金山岭长城上有一座望京楼，它坐落于海拔 986 米的老虎山山顶，其主体建筑使用巨大的条石修建而成，但是山顶四面都是悬崖峭壁，人只能从石头的缝隙中攀登而上。那么这些条石是怎么运上去的呢？

古代没有先进的机械设备，平地运输巨石都是一项难题，更别说运上险峻的高山了。在传说中，望京楼能够顺利修建也因为得到了"神力相助"。

相传由于运送修筑望京楼所需的巨型条石，一路上死伤惨重，工人们苦不堪言。此事惊动了玉皇大帝，于是他派外甥二郎神去解决条石的运送问题。当晚，二郎神来到老虎山下，将神刀一晃，在神力的作用下，那一块块条石，变成了一只只大山羊，齐刷刷地直奔山顶而去。就在此时，一个士兵抬帐小解，差点被发现的二郎神心神一荡，不小心将剩余的几十块条石踢下山去，在山坳里形成了条石坳。工人们第二天一早发现条石已经被运上山顶，纷纷感激涕零，跪谢上苍，望京楼这才得以修建。

按照设计，嘉峪关长城会修建高达 9 米的城墙，城墙之上还要修建数十座楼阁以及无法计数的垛墙，这一设计需要用大量的砖块。而当时修建嘉峪关关城所使用的长城砖烧制地点远在修筑地 40 里之外，每次修筑需要用牛车将烧好的砖拉到关城之下，再由人力向上搬运。

城墙附近唯一能上下的通道只有马道，但由于高度问题，导致马道的坡度非常大，人行上下长城十分困难。这样的条件造成当时运砖效率较为低下，影响了工程进度。某一天，一个孩子在放羊时偶然经过施工现场，观察到这个情景后灵机一动，在山羊身上捆了几块砖，然后驱赶山羊向城墙上去，山羊身姿轻巧，驮着砖一溜小跑就爬上了城墙。工人们又惊又喜，立马仿效孩子的做法。随着山羊的跳跃、奔跑，大量的砖头很快就被运上了城墙，这才赶上施工进度。

关城定址异闻 ★

嘉峪关号称"天下第一雄关"，因其地势险要，曾被称为河西咽喉。那么是谁，又是为何将嘉峪关关城的位置定在现址的呢？

明朝初年，征虏大将军冯胜到河西驻防，当他来到龟盖山时，发现它地势险要，易守难攻，当即决定要在这里修建一座雄关。冯胜立马请来了有名望的工匠进行设计，并用最快的速度进行测方位、放线、钉木桩等工作。前期准备完成之后冯将军大摆酒宴，犒劳三军振奋士气，准备第二天破土动工。

第二天清早，冯胜亲自率领众官兵和工匠们来到工地，却发现桩线不翼而飞，大怒之下冯胜立即喝令看守施工现场的士兵来见。执勤士兵闻传，战战兢兢地向冯胜讲述了事情的经过。后半夜轮到他值勤时，害怕出现异常状况，目不转睛地盯着桩线。到了四更时分，突然黑风大作，这风刮得天昏地暗，士兵也被迷住了眼睛。等这股风过去，桩线就已经无影无踪了。

讲到此处，一个主持修建关城的官员突然闯进冯胜的营帐，连忙禀报说："大将军！桩线找到了！它们都被移到峡谷北面山坡上了！"

冯胜立刻随着官员一起登上北面山坡，只见桩线整整齐齐地被钉在山坡上，心中大吃一惊，同时开始对山坡进行仔细地观察。山坡依山傍水、居高临下，如果在这里建关，进可攻退可守，相比之前的选址更加优越。

冯胜高兴地说："真是天助我也！"于是决定立即在新址破土动工。很快便筑成关城一座，也就是现在的嘉峪关。

根据当地传说，当时的桩线是关云长为了百姓能够生活得更加的安全、幸福，于是显灵将其移动到现在的位置。建关后，人们在关城内修了关帝庙，以纪念关公的贡献。

《出塞》 ★

出塞
王昌龄〔唐代〕
秦时明月汉时关，万里长征人未还。
但使龙城飞将在，不教胡马度阴山。

本诗作者王昌龄，字少伯，河东晋阳（今山西太原）人，是盛唐著名的边塞诗人，被后人誉为"七绝圣手"。这首诗是王昌龄早年前往西域时，看见冷月照边关的苍凉景象，想起从秦朝起久未停止过的战争而写下的。王昌龄来到西域边关，面对着与秦汉相同的明月，走过从秦汉时就已建造的关卡，心升感慨：多少士兵从这里出征还未归来？这其中又有多少人已经不会再归来了？连绵的战事让人民苦不堪言，如果卫青、李广如今健在，绝对不会让胡人的骑兵跨越过阴山。

这首诗表面上是在写王昌龄对边塞现状的慨叹，传达出诗人同情、悲愤，却又无能为力的情绪，实际上是体现了王昌龄一种慷慨激昂的向上精神，他抒发出"不教胡马度阴山"的誓言，有克敌制胜的自信和爱国激情。

重点解读：

"秦时明月汉时关"指的不是秦代的明月和汉代的关卡，而是使用"互文见义"的修辞手法，写从秦汉时就存在的明月、关卡，与现在并无不同，暗指边疆从秦汉时就战火不断。

"龙城飞将"指的并不是一个人，具体来说，"龙城"指奇袭匈奴圣地龙城的名将卫青，"飞将"指威名赫赫的飞将军李广。王昌龄在诗中，更是借卫青李广之名，指代众多抗匈名将，表达了自己强烈的自豪感。

《咏歌圣德 远怀天宝 因题关亭长句四韵》 ★

咏歌圣德 远怀天宝 因题关亭长句四韵
杜牧 〔唐代〕
圣敬文思业太平，海寰天下唱歌行。
秋来气势洪河壮，霜后精神泰华狞。
广德者强朝万国，用贤无敌是长城。
君王若悟治安论，安史何人敢弄兵。

本诗作者杜牧，字牧之，号樊川居士，京兆长安人，是唐代杰出的诗人、散文家。世称"杜樊川"，又称"小杜"，与李商隐并称"小李杜"。

重点解读：
盛唐时期人们安居乐业，处处海晏河清，丝乐不绝于耳。这番盛景与唐玄宗励精图治、任人举贤息息相关，盛世之下，杜牧担任过幕僚、御史、刺史等多种职位，丰富的任职经历让他看过太多官场风云、潮起潮落，他得出了若是正确任用贤人，统治便像能长城一样坚不可摧的结论。此事从侧面印证了自古以来长城都是人们心中安定的象征。
这里的长城不再是具体的长城建筑，而是意指各个时期官僚体系的组织作用，是统治者治国智慧的体现。

其一

王昌龄 〔唐代〕

蝉鸣空桑林，八月萧关道。

出塞入塞寒，处处黄芦草。

从来幽并客，皆共沙尘老。

不学游侠儿，矜夸紫骝好。

其二《望临洮》

王昌龄 〔唐代〕

饮马渡秋水，水寒风似刀。

平沙日未没，黯黯见临洮。

昔日长城战，咸言意气高。

黄尘足今古，白骨乱蓬蒿。

其三

王昌龄 〔唐代〕

奉诏甘泉宫，总征天下兵。

朝廷备礼出，郡国豫郊迎。

纷纷几万人，去者无全生。

臣愿节宫厩，分以赐边城。

其四

王昌龄 〔唐代〕

边头何惨惨，已葬霍将军。

部曲皆相吊，燕南代北闻。

功勋多被黜，兵马亦寻分。

更遣黄龙戍，唯当哭塞云。

王昌龄在面对连年战火、将士及百姓都苦不堪言的局面时，创作了这组诗歌，诗词中饱含了他痛苦的情绪。第一首诗通过对边塞景色的描写，表达了他本人强烈的反战思想；第二首诗同样表现他的反战思想，但描写重点放在了军旅生活的艰辛部分；第三首诗通过对一次战争完整过程的记叙，让人们清楚地认识到战争的残酷，表达了王昌龄对戍边普通士卒的深深同情。第四首诗以汉朝霍去病代指唐朝立下赫赫战功的边疆将领们，惋惜的语气却是在批判朝廷对将士的不公正对待，有功难赏让众人心寒。

《从军行·其二》 ★

从军行 其二

李白 〔唐代〕

百战沙场碎铁衣，城南已合数重围。

突营射杀呼延将，独领残兵千骑归。

李白，字太白，号青莲居士，又号"谪仙人"，是我国唐朝浪漫主义诗人。因其创作诗歌数量多——有记载的大概有 1000 多首；情绪足——诗歌的主观抒情色彩十分浓烈，富有浪漫主义精神；类型广——李白是盛唐诗人中唯一一个兼长五绝与七绝的，且写景、写人、写情的诗人；影响大——后代包括韩愈、苏轼、陆游、辛弃疾、龚自珍等著名诗人都受到他诗歌的巨大影响。他被后人誉为"诗仙"。

这首诗创作于盛唐时期，盛唐时国力鼎盛，所以当时的边塞诗与之前多是哀怨不同，盛唐边塞诗大多气势磅礴，表现自信与豪气。

诗歌一开始便将我们带入了一场浴血拼杀数日后的战场之中，士兵们身上所穿的铠甲已经破碎，但面对身边重重包围，他们没有一丝喘息修整的机会。敌人的包围越来越紧，将军带领士兵们奋起反抗，在突营闯阵时，将军一举射杀了敌方的悍将，敌军缺少首领顿时乱了阵脚，将军趁机杀出重围，带领大家踏上凯旋的道路。

重点解读：

"碎"：一个碎字，不仅指当时士兵们所穿盔甲已经破碎，更是指"百战"之后精力不济又无法休息补给，且不知道是否能归家而支离破碎的精神世界，将绝望的气氛牵引出来。

"独"：一个独字仿佛有千军万马之力，破开重围带着将士们踏上回家的路，让读者脑海中不禁浮现出夕阳下将军独自一人带领着残部缓缓前进的场面，为整首诗增添了史诗感。